Si se ha preguntado si hay  mo-
nios extraordinarios de sanidad ___ing,
California, la respuesta la ha___a en este libro poco común.
Advertencia: Esta lectura es solo para aquellos que desean tener
intimidad con Dios y están dispuestos a pagar cualquier precio
para lograrlo, incluso perder su imagen. Si lo que quiere realmente es tener intimidad con Dios, este es su libro. Bill Johnson
escribió esta práctica, dinámica y emocionante obra, uno de los
mejores libros que he leído en años.

—Dr. R.T. Kendall
Autor de uno de los libros más vendidos,
Perdón Total y *Fuego Santo*

Cara a cara con Dios, el más reciente libro de Bill Johnson, es
una lectura obligada, sobre todo para aquellos que han sido
poderosamente tocados por la unción sanadora que ha venido
sobre la vida de Bill, y para aquellos que se preguntan cómo la
recibió. Este libro no solo revela cómo ha transformado su mente, producto de una renovación espiritual —incluso el poder de
sanar al enfermo—, sino también un poco del proceso personal
que lo condujo a cambiar su forma de pensar. No piense que este
libro lo llevará al cómo de las cosas, solo será una luz que nos
guiará a la seguridad de la gracia a la vez que nos advierte los
obstáculos de la religión, que no ahoguemos nuestros esfuerzos
en aguas poco profundas y que no trabajemos en tierras impro-
ductivas. Hay oro en estas páginas.

El secreto tras la riqueza de la revelación docente de Bill yace
en las relaciones. Es él quien no ha ignorado las invitaciones
a las reuniones acerca de este libro "cara a cara". Si busca un
libro firmemente basado en la Biblia —centrado en Cristo para

su instrucción y para depender de su Espíritu para ser guiado en la dirección correcta—, ya lo encontró en *Cara a cara con Dios*.

—RANDY CLARK
Autor de *Guia Biblica para la liberacion*

Cara a cara con Dios es el libro que le ayuda a trazar el mapa que le enseña cómo tener una relación valiosa con Dios, ese tipo de relación con la que siempre soñó. Comenzando con sus sinceras historias acerca de su desesperación por tener más de Dios, Bill nos lleva en una jornada que no solo define el hambre espiritual, sino que también explica cómo el hecho de estar cara a cara con Dios puede satisfacer al creyente. Muchas personas escriben acerca del favor, la relación "cara a cara" con Cristo y hasta del gozo, pero me encanta la forma en que Bill lo plantea, afirmando que es un regalo poco común lleno de entendimiento para nuestra generación, que nos permite —de una forma profunda aunque sencilla— la unión con Dios. Ingerí por completo su perspectiva desde el principio hasta el final y tengo que decir que este no es un libro común, este libro me redefinió totalmente la forma de acercarme a Dios en mis momentos devocionales y me ayudó a afirmarme en la naturaleza de Dios. Muy raramente escribo una reseña para un libro que me afectara tanto personalmente, por eso es un placer recomendar muy enfáticamente este libro, sobre todo a líderes y personas influyentes.

—SHAWN BOLZ
Pastor Principal, Expression58 Ministries
Autor de *The Throne Room Company* y
Keys to Heaven's Economy

CARA A CARA CON Dios

BILL JOHNSON

CASA CREACIÓN

Para vivir la Palabra

Para vivir la Palabra

MANTÉNGANSE ALERTA;
PERMANEZCAN FIRMES EN LA FE;
SEAN VALIENTES Y FUERTES.
—1 CORINTIOS 16:13 (NVI)

Cara a cara con Dios por Bill Johnson
Publicado por Casa Creación
Miami, Florida
www.casacreacion.com
©2008, 2021 Derechos reservados

Library of Congress Control Number: 2008921184
ISBN: 978-1-59979-404-4

Desarrollo editorial: *Grupo Nivel Uno, Inc.*
Diseño interior: *Grupo Nivel Uno, Inc.*

Publicado originalmente en inglés bajo el título:
Face to Face With God
por Charisma House
600 Rinehart Road, Lake Mary, Florida 32746
Copyright © 2008 por Bill Johnson
Todos los derechos reservados.

Impreso en Colombia

21 22 23 24 25 LBS 9 8 7 6 5 4 3 2 1

*D*edico este libro a mi maravillosa esposa, Beni. Ella es mi mejor amiga, compañera y amante, es la madre de nuestros tres hermosos hijos. Beni refleja el mensaje de este libro más que ninguna otra persona que conozca, ella es una gran inspiración para mí. Y como si fuera poco, es un maravilloso ejemplo, ya que es una *intercesora feliz*.

AGRADECIMIENTOS

Quiero dar gracias especialmente a Dann Farrelly por su continua ayuda y consejo en toda mi escritura. Dann, estoy en deuda contigo por todo el tiempo que me dedicaste. Doy una especial gratitud a Allison Armerding por ayudarme "en la última milla". Allison, lo hiciste bien de nuevo.

Pam, gracias por el trabajo de edición especialmente por haberlo hecho durante tus vacaciones.

Mi gratitud a Anne Kalvestrand por ayudar con la investigación para el capítulo 7.

Gracias a Mary Walker (a Jodi también) por ayudarme a finalizar este proyecto. ¡Ustedes son maravillosas!

CONTENIDO

PRÓLOGO

$\mathcal{A}$ ntes de que Don Miller viera a un músico de jazz tocar su instrumento con sus ojos cerrados y totalmente abstraído de cualquier audiencia, nunca le gustó la música de jazz. Sentía que esa música "no tenía definición". Ese día —mientras observaba al músico transportado por su melodía— aprendió algo, por lo que concluyó: "A veces, tienes que mirar a alguien que ama algo antes de que puedas amarlo por ti mismo. Es como si te mostraran el camino". Él sentía lo mismo en cuanto a Dios, "porque Dios no tiene definición" (*Blue Like Jazz*, Don Miller).

Para mí, Bill Johnson es el modelo esencial de ese músico desconocido que observó Don Miller. A diferencia de muchos en nuestro día que insisten en "la solución" de Dios y todas las dificultades que les ha creado a los teólogos y a quienes insisten o necesitan "acariciar respuestas", Bill Johnson avanza a toda velocidad en los montículos de las situaciones no resueltas con preguntas a veces sin contestar y pensamientos contundentes por su simplicidad. El ministerio de Bill Johnson abraza la paradoja como si fuera lo más normal del mundo. Y rechaza que abracemos un modo de pensar que pueda llevarnos por un camino que justifique conclusiones no bíblicas, mientras que por otra parte nos muestra con una simplicidad clásica la manera en que algunos paradigmas minan la bondad de Dios y los ejemplos prácticos de Jesucristo en el Nuevo Testamento.

A menudo en sus enseñanzas, Bill Johnson declarará algo "irresuelto" y luego, con su clásica postura graciosa, observará cuando luchamos con el "nunca he visto esto". Entonces entrará en detalles en cuanto a la declaración anterior "irresuelta" varias veces y, literalmente, se hablará a sí mismo sobre cuán poderoso era el pensamiento que nos expresó.

Sus enseñanzas le seducen a seguir una forma de pensar a menudo extraña a los profesores tradicionales, lo que estimula su apetito por algo que usted siempre supo que estaba allí. *A veces uno tiene que mirar a alguien que ama algo antes de que pueda amarlo. Es como si ellos le mostraran el camino.*

Cara a cara con Dios es un libro biográfico y argumental; es histórico y completamente teológico. Es la lectura necesaria que le permitirá a la iglesia entrar al reino que siempre ha estado latente. Ver cómo Bill Johnson ama la presencia divina despierta en muchos el deseo de imitarlo. Sus héroes son aquellos hombres y mujeres que persiguieron y persiguen apasionadamente la presencia de Dios. Su mensaje acerca del poder de Dios es absolutamente esencial para esta época que enfrentamos. Pueden decir de nosotros en el siglo veintiuno lo que afirmaban de los cristianos de la primera iglesia: "Ellos se maravillaban y comenzaron a reconocerlos como que habían estado con Jesús".

—Obispo Joseph L. Garlington, padre
Pastor principal, Covenant Church, Pittsburgh
Obispo presidente de Reconciliation Ministries International

CAPÍTULO I

EL VIAJE
COMIENZA

*E*l aire está preñado de posibilidades, ¿puede sentirlo? El cielo en sí mismo tiene muchas ganas de invadir al reino natural. La oscuridad puede cubrir la tierra, pero la gloria de Dios sobre su pueblo se hace cada vez más real, trayendo esperanza a las situaciones más desesperadas.

Dios abre el tesoro de la verdad y lo derrama sobre la humanidad en maneras notables. La oración del apóstol Pablo es contestada ante nosotros: "No ceso de dar gracias por vosotros, haciendo memoria de vosotros en mis oraciones, para que el Dios de nuestro Señor Jesucristo, el Padre de gloria, os dé espíritu de sabiduría y de revelación en el conocimiento de él" (Efesios 1:16-17). Como dolores de parto que señalan el tiempo del nacimiento, las cosas están siendo liberadas por el conocimiento de la revelación que ha sido preservada por años para esta hora en particular. En otros términos, este aumento exponencial de sabiduría y revelación es precipitado hoy por Dios, que lo libera en nuestro tiempo y en la historia. No hablo de nuevos libros de la Biblia u otras escrituras sagradas. Hablo del Espíritu Santo que revela las mismas Escrituras que tenemos en nuestras manos.

¿Y qué de ese día en el cual Dios se revelará? Es un día de encuentros divinos, al menos para aquellos que *perseguirán* lo que esta revelación pone a su disposición. El espíritu de sabiduría y revelación no se nos da para hacernos más inteligentes, sino para hacernos más conscientes de la realidad invisible. El propósito de la unción de este espíritu es darnos la sabiduría y *la revelación en el conocimiento de Él*. Esto opera no simplemente para aumentar nuestro entendimiento acerca de los principios del reino, sino también para revelarnos al Rey mismo. Su presencia siempre está por encima de los principios. Cuando hallamos su presencia divina, la transformación que ocurre va más allá del alcance de las ideas simplemente buenas; esto es, la transformación que primero ocurre *dentro de nosotros* para que podamos impactar y causar la transformación alrededor nuestro.

El deseo es un regalo de Dios

El corazón que busca a Dios nace en nosotros por Dios mismo. Como todos los deseos, no es algo que puede ser impuesto ni forzado, pero crece dentro de nosotros cuando somos expuestos a la naturaleza divina.

Dios crea en nosotros un hambre de Él colmándonos con lo real de su bondad: su gloria irresistible. El amor de Dios por la humanidad va más allá de la comprensión y de la imaginación. Él está por nosotros, no contra nosotros. Dios es cien por ciento bueno todo el tiempo. Esta realidad arde profundamente en el corazón de todos aquellos que simplemente se toman el tiempo para contemplar a Dios.

Pablo describe este lugar de recogimiento como el centro absoluto del nuevo pacto que nos ha sido dado, un lugar en que "nosotros todos, mirando a cara descubierta como en un espejo la gloria del Señor, somos transformados de gloria en gloria en la misma imagen, como por el Espíritu del Señor" (2 Corintios 3:18). El impulso que dirige la vida del creyente no es la necesidad de trabajar para Dios, sino estar en contacto con Él. Sólo cuando captamos el rostro de Aquel a cuya imagen fuimos hechos, llegamos a saber realmente quiénes somos y para quién fuimos hechos. Y debido a lo que Él es, es imposible contemplarlo y seguir siendo iguales. Cuando Él nos llena de su presencia, nos lleva en una misión continua, por aquel que nos anhela. Esta misión es simplemente llevarnos cada vez más cerca de Él para verlo en su plenitud. Y la verdad es que el grado en el que percibimos o vemos la cara de Dios es directamente proporcional al de nuestra rendición al trabajo transformador del Espíritu Santo.

> *El grado en el que percibimos el rostro de Dios es directamente proporcional al de nuestra rendición al trabajo transformador del Espíritu Santo.*

La pregunta para cada creyente es si estamos satisfechos con sólo una transformación parcial o si seremos cautivados por lo que Él es de manera que le permitamos que haga morir en nosotros todo lo que impida que Cristo sea reflejado en nuestras vidas.

Esta búsqueda de su rostro es definitiva. Pero para abrazar esta búsqueda de Dios, hay que estar dispuesto a morir. Así que, esto no es un viaje para el débil de corazón. Hay mucho camino por recorrer y es demasiado costoso para hacerlo por simple curiosidad.

De todos modos, vacilo al advertir el costo de buscar su presencia; no porque no exista un precio, todo lo contrario, lo vale todo, sino porque la realidad consiste en que lo que una persona consigue a cambio hace que el precio que pagamos sea realmente pequeño en comparación con lo que ganamos. El punto fundamental es que demos todo de nosotros para obtener todo de Él. Nunca hubo un trato mejor. Cuando llevamos a cabo el cambio, nos percatamos de que lo que antes era importante, ya no lo es. Una vida sin pasión da lugar a una existencia descuidada y abandonada. Eso hace que todo en nuestras vidas sea inconsecuente con el reino de Dios, comenzando con anular el tiempo de encuentro con Él; pero hay una realidad superior, lo sobrenatural de su reino comienza a revivir en nosotros. No es posible tener un encuentro con alguien tan poderoso y seguir siendo el mismo.

Esta jornada es tan sagrada, y desgastante, que muy pocos responden a su llamado. Aunque las semillas de esta búsqueda yacen en el corazón de cada hombre, mujer y niño, muchos parecen paralizarse ante su existencia. Muchas cosas actúan en nosotros para revivir el deseo de buscar la presencia de Aquel a cuya imagen fuimos creados. Si somos agobiados por los vientos predominantes del razonamiento secular o el dolor de la desilusión religiosa,[1] tales fuerzas hacen que abandonemos la búsqueda y cedamos ante el otro impulso que ha contaminado al hombre desde la caída: ocultarse de Dios.

De todos modos, en última instancia, la búsqueda es completamente factible y está al alcance. Es para todos, inclusive el niño más pequeño puede venir. En comparación, cualquier otro viaje u otro interés pierden atractivo. Uno podría decir que este desafío añade sentido y significado a todas las otras búsquedas de la vida. Aquellos que responden a la invitación encuentran algo más por lo cual vivir, a diferencia de los que dicen que no pierden su vida buscando un reemplazo adecuado. Pero no hay ninguno que lo haya encontrado en ningún lugar.

MI ASIGNACIÓN

Los líderes cristianos en particular dirigen su atención hacia la percepción de lo que Dios revela para el momento, y trabajan mucho para transmitir esa revelación del mejor modo. No importa si se hace a través de la predicación, la estrofa de una canción o en un libro, todos intentamos tomar eso que es divino y liberarlo sobre la tierra. Ese es mi objetivo en este libro.

La mayor parte del contenido de esta obra fue dada primeramente a las familias de nuestra de iglesia alrededor del año 2002. Fue duro para mí hablar de este tema en forma directa. Fue el único tiempo en mi vida en el que temblaba durante días después de la predicación de un mensaje. Sin embargo, no tenía carga por hacer un libro de estos mensajes como fue el caso de los otros libros. Al mismo tiempo, eso se hizo parte de mi vida por completo, una vida con propósito, dedicada a encontrar y a ser un receptáculo de la presencia de Dios. Perseguir ese objetivo ha sido costoso, pero no fue un impedimento para que fuese algo que se impregnara con mayor ahínco en mí como mi única razón de vivir. En meses recientes, Dios me ha hecho entender que el mensaje que he estado tratando de vivir es ahora el mismo sobre el cual tengo que escribir.

Mi búsqueda de encuentros profundos con Dios comenzó desde el momento en que le dije sí cuando me llamó. No me llamaron al ministerio o a llevar a cabo alguna gran hazaña en

Su nombre. Fui llamado por Dios mismo. Ese momento pasó un domingo en 1971 cuando mi papá, que era también mi pastor, predicó un mensaje en Ezequiel 44 sobre el mayor honor dado a la humanidad: nuestro ministerio al Señor en acción de gracias, alabanza y adoración. Él nos enseñó que había una diferencia entre ministrar a Dios y ministrar a la gente. Sin duda, ministrar a Dios era la responsabilidad más importante de todas y era para todo creyente.

Cuando oí lo que enseñaba con la Palabra, fui movido como nunca antes. Por lo general, ese no era el tipo de mensaje que uno podría pensar que requería de un llamado al altar, sin embargo, tuve que responder. En el mismo banco donde estaba sentado, incliné mi cabeza y dije: "Padre celestial, te doy el resto de mi vida para que me enseñes acerca de esto". Puedo decir que fui tocado y conmovido. Yo le había dado mi vida a Cristo, completamente, no me reservé nada. Pero ahora mi entrega tenía un fin específico que estaba por encima de cualquier otro: ministrar al Señor.

Pronto entendí que ese llamado a la adoración no tenía que ver con la música, ni con instrumentos, coros o grupos de adoración. Tampoco era un llamado para ministrar con alabanzas a las personas antes del sermón.

En este ministrar a Dios —en cuanto a lo que a los músicos respecta— ni siquiera las grandes canciones escritas *acerca de* Él eran apropiadas. Para cumplir este ministerio, necesitaba canciones que pudiera cantarle *a* Él. Todo se trataba acerca de ministrar directamente al Señor en su presencia real.

El Señor respondió rápidamente a mi estilo de vida rendida ante su presencia confirmando, a través de la revelación, que ese era en efecto el objetivo para el cual me había hecho y me había redimido. La Palabra de Dios está llena de versículos referentes a que fuimos hechos para mantener una relación que nos permita conocer a través de la experiencia al Dios sobrenatural que nos creó, y pronto eso se hizo una realidad en mi vida; entendí que los encuentros que Dios tenía con la gente de la Biblia no estaban reservados sólo para los personajes de aquella época. Los encuentros de esa magnitud realmente comenzaron a ser posibles, hasta probables, nuevamente. Pensaba que no tenía derecho a algo extraordinario; sin embargo, yo sabía que Él me amaba y, por mi parte, cada día tenía más hambre de Él.

EL VIAJE SE ACELERA

He viajado a muchas ciudades en las que Dios me ha visitado de una forma inusual y notable en mi búsqueda personal de unción y poder. Algunos de mis hermanos y hermanas menosprecian estas búsquedas, diciendo: "Se supone que las señales y las maravillas le sigan a usted, no usted a ellas". Mi perspectiva es un poco diferente: *Si ellas no le siguen, sígalas hasta que ellas le sigan.* Dios ha usado mis experiencias en tales lugares para establecerme en encuentros hogareños transformadores.

Después de un viaje en 1995, comencé a orar y llorar delante de Dios día y noche durante aproximadamente ocho meses. Mi oración era: "Dios, quiero más de ti a cualquier costo. ¡Pagaré cualquier precio!" Entonces, una noche en el mes de octubre, Dios me respondió, pero no como yo esperaba.

Pasé en un instante de un sueño profundo a estar bien despierto. Un poder inexplicable comenzó a fluir por todo mi cuerpo. Era como si me hubieran conectado a un tomacorriente de la pared con mil voltios de electricidad que recorrían todo mi cuerpo. Un poder sobrenatural llenó la habitación y quedé inmóvil ante su presencia. Mis brazos y piernas sólo tenían movimientos silenciosos mientras ese poder fluía a través de mis manos y mis pies.

Cuánto más trataba de detenerlo, se hacía más fuerte. Pronto descubrí que no era una lucha que iba a ganar peleando. No oí ninguna voz, tampoco tuve ninguna visión. Fue la experiencia más poderosa de mi vida. Era un nuevo poder. Era Dios. Él había venido en respuesta a la oración.

La tarde que precedió a ese encuentro había sido gloriosa. Nuestra iglesia había celebrado una serie de reuniones con el profeta, y buen amigo mío, Dick Joyce. Disfrutamos momentos excepcionales en la presencia de Dios y de su poder manifestado en la vida de cada una de las personas. Durante el tiempo de ministerio, pasó un amigo que había pasado un tiempo difícil; sentí que tenía una palabra de parte de Dios para él. Así que le dije que Dios iba a visitarlo y que lo iba a tocar de una forma poderosa; y que eso podría pasar en cualquier momento del día o de la noche, quizás a las dos de la tarde o a las *tres de la mañana*. Será sorprendente, le dije.

Después de la reunión, finalmente nos acostamos alrededor de la una de la mañana. Después de un rato, el poder de Dios vino sobre mi vida y me desperté, eché un vistazo al reloj y vi que eran exactamente las tres de la manana. Le hablé en voz alta al Señor: "Me sorprendes". Dios me había confirmado la profecía que le había dado a mi amigo.

Varias veces, a lo largo de los diez años antes de esa experiencia con Dios, yo había experimentado la misma clase del poder del Espíritu Santo en medio de la noche, pero sólo en mis piernas y con mucho menos intensidad. Yo no sabía que era

Dios. Siempre pensé que algo en mi cuerpo no estaba funcionando bien. Entonces salía de la cama y me comía una banana, pensando que era problema del potasio y que eso podía ayudar. Cuando eso no me ayudaba, entonces tomaba una medicina antiinflamatoria, pensando que podría aliviarme. Tampoco ayudó. Pero en esta ocasión, a las tres de la mañana, entendí lo que pasaba. Me sentí como Samuel cuando fue al profeta Elí, y pregunté: "¿Me llamó usted?". Estaba allí entendiendo que, durante esos diez años, Dios había estado llamándome a algo nuevo, a algo de más alto nivel. Esta vez Él tenía mi atención: No podía moverme. Entendí que, al menos en parte, eso era "lo más" que había pedido. Yo le había estado pidiendo a Dios que me diera más de Él a cualquier costo. No estaba seguro si estaba orando de la forma correcta, tampoco entendí la teología tras mi petición, porque sabía que Él moraba en mí a consecuencia de mi conversión. Lo único que sí sabía era que tenía hambre de Dios. Había momentos en los que despertaba por las noches porque hasta en mis sueños le pedía más de Él. (Algunas de las cosas más importantes que nos pasan son las más difíciles de explicar, aunque sin duda son de Dios. La persona que ha tenido este encuentro, sabe que esto es lo que más importa.)

Eran las 3:00 de la mañana. Era mi momento, pero no pasó de la manera que esperaba; aunque no podría haberle dicho qué era lo que realmente esperaba. Él me había llamado a una misión. Yo era su objetivo.

Fue una experiencia gloriosa con Dios, aunque no fue muy agradable. No le dio ninguna satisfacción a mis sentidos. Al principio, estaba avergonzado. Hasta sentí que mi cara enrojeció, aunque yo era el único que sabía que estaba en esa condición. Estando allí, me veía parado frente a la congregación, dando clases de la Palabra de Dios, algo que me gusta hacer, pero mis brazos y piernas me temblaban como si tuviera serios problemas físicos y emocionales. Entonces me vi en la misma condición, caminando por la avenida central de nuestra ciudad frente a mi restaurante favorito. No conocía a nadie que creyera que esa era una experiencia con Dios.

Pero entonces recordé a Jacob y su encuentro con el ángel del Señor, donde luchó con Él a lo largo de toda la noche. Jacob quedó cojo para el resto de su vida tras su encuentro con Dios. Y luego recordé a María, la madre de Jesús. Que tuvo una experiencia con Dios que ni su novio creyó. El Señor tuvo que enviar a un ángel para que le confirmara el mensaje que le había dado a María. Sin embargo, ella esperaba al niño Jesús, aunque eso le costara un estigma para el resto de sus días como madre de un hijo ilegítimo. Cuando consideré esas historias, algo se aclaró dentro de mí: Entendí que el favor de Dios a veces es diferente desde la perspectiva terrenal. Mi petición de querer más de Dios tenía un precio.

Las lágrimas empezaron a empapar mi almohada cuando Dios trajo a memoria todas mis oraciones durante los meses anteriores, contrastándolos con las escenas que acababan de pasar por mi mente. Fui asido por la realidad de que Dios quería hacer un cambio, una manifestación mayor de su presencia, a cambio de mi dignidad. Después de todo, yo *había orado*: "A cualquier costo". Es difícil explicar cómo conoce uno exactamente el propósito de tales encuentros. Todo lo que puedo decir es que *uno lo sabe*.

Uno conoce sus propósitos con tanta claridad que cualquier realidad se desvanece en las sombras cuando Dios pone su dedo sobre lo que más le importa. Fue en ese lugar, donde no sabía si yo funcionaría de nuevo como un ser humano normal, preguntándome si quedaría postrado en cama para el resto de mi vida a causa de esa aplastante presencia divina que, en medio de las lágrimas, entendí que no había vuelta atrás.

Felizmente lloré y grité: "Dios, dame ¡más! ¡Quiero tener más de ti cueste lo que cueste! Aunque pierda la respetabilidad, pero que te encuentre. La cambio con todo gusto. ¡Sólo dame más de ti!".

Las muestras de poder no pararon. Siguieron a lo largo de la noche, estuve orando y llorando: "Más, Señor, más. Por favor, dame más de ti". Pero todo se detuvo a las 6:38 de la mañana, salí de la cama completamente renovado. La experiencia continuó esa noche y las subsiguientes, siempre después que me acostaba. Más tarde, aprendí que lo que había experimentado era realmente un encuentro cara a cara con Dios. Si usted estudia esos encuentros en las Escrituras y en los testimonios de los santos, hallará que los encuentros cara a cara con Dios a menudo parecen muy diferentes. Él se nos revela según sus propósitos, y a veces lo hace según lo que ve en los corazones de las personas. Tales experiencias tienen algo en común: es imposible vivir igual después que ocurren.

Hacer un intercambio con Dios realmente es el mejor trato que se le

> *Los encuentros cara a cara con Dios a menudo parecen muy diferentes. Él se nos revela según sus propósitos, y a veces lo hace según lo que ve en los corazones de las personas. Tales experiencias tienen algo en común: es imposible vivir igual después que ocurren.*

pueda ofrecer a la humanidad. ¿Qué podría tener yo que igualara el valor de lo que Él me pueda dar? Sé que muchos dicen que el avivamiento es costoso. Y lo es. Pero cuando lo consigo a Él en el intercambio, me es difícil sentirme merecedor de lo que he pagado. Además, el avivamiento solo cuesta en el presente. Pero la falta de él tiene un costo eterno.

LOS ENCUENTROS DIVINOS NOS CAMBIAN

En 1996, fui nombrado pastor de la Iglesia Bethel en Redding, California. Fui invitado a tomar aquella posición porque la iglesia había estado clamando por un avivamiento. La iglesia que yo estaba pastoreando en Weaverville, California, estaba experimentando un derramamiento maravilloso del Espíritu Santo. Bethel era "la iglesia madre" de nuestra iglesia en Weaverville, y, debido a esa conexión, me alegró aceptar su invitación a ser su pastor.

Cuando le hablé a la congregación de Bethel acerca de mi llegada, les dije que nací para el avivamiento. Les dije que si no querían el mover del Espíritu de Dios —con todas sus implicaciones—[2] yo no era el hombre que ellos estaban buscando, porque el avivamiento no es negociable. Respondieron afirmativamente con un apoyo casi unánime, lo cual era extraño para una iglesia tan grande. El derramamiento comenzó un mes después de nuestra llegada. Las vidas fueron cambiadas, los cuerpos sanados y los encuentros divinos aumentaron en proporciones asombrosas, junto con las manifestaciones especiales que parecen acompañar al avivamiento. Además, unas mil personas abandonaron la iglesia. Ese no era la clase de avivamiento que ellos querían. De manera comprensible, era difícil para la gente con esa opinión coexistir felizmente con la perspectiva que sostuve, que era que debíamos tomar lo que Él nos da hasta que nos dé algo más.

Pocas cosas son más devastadoras para los pastores que cuando la gente se va de la iglesia. A menudo, eso se traduce en rechazo. Los pastores son una clase única; aunque la gente que los odia abandone la iglesia, ellos se sienten mal. Aun en esa temporada extraña del éxodo, mi esposa y yo éramos inmunes a la devastación. Por lo general, eso es sólo posible si su corazón ha creado un callo al punto de que nadie puede afectarlo negativa o positivamente, o usted está en un autoengaño sobre el impacto que tal pérdida causa a su corazón. Por fortuna, hay otra posibilidad, y es que Dios realmente le haya dado una gracia sobrenatural de vivir por encima de sus circunstancias.

A causa de la gracia que nos fue dada, no derrochamos ni un día en desaliento o cuestionando a Dios. Nuestra comida realmente era hacer su voluntad. Su voluntad proveía todo el alimento y la fuerza que necesitábamos. Su presencia era la recompensa. Las críticas públicas y la difamación, la humillación de números disminuidos, las llamadas diarias de quejas a nuestra denominación durante aproximadamente un año, nada pudo afectarnos. La necesidad de ser respetado o reconocido desapareció casi durante la noche de mi primer encuentro con Dios. Mis amigos íntimos podrían argumentar con exactitud que el temor al hombre nunca fue realmente fuerte en mi vida. Y, en parte, es verdad. Lo aprendí de mi papá en mis primeros años. Él mostraba su prioridad obedeciendo a Dios sin fijarse en lo que otros pensaran. Aun Dios sabía lo que estaba tras todo eso cuando pidió por mi respetabilidad a cambio de una mayor manifestación de su presencia. Fue la bondad de Dios lo que hizo todo eso posible.

Dios simplemente hizo su voluntad, acompañada de una doble porción de la manifestación de su presencia, la cual era demasiado obvia como para fallar. Dios a menudo le hablaba a mi equipo o a mí en sueños o visiones. A veces, Él nos daba una palabra profética que confirmaba o añadía entendimiento a una dirección que debíamos tomar. Nunca hubo una pregunta. El fruto de ese movimiento divino era indiscutible. Eso incluía una mayor medida de su presencia junto con la generosidad de vidas transformadas. Todo lo que teníamos que hacer ante la aparente pérdida era sonreír. Hasta ese día consideramos que el tiempo de nuestra mayor pérdida era una de las temporadas más preciosas y encantadoras de nuestra vida.

LAS SEÑALES DE SU FAVOR

Cuando Dios llena la vida de una persona, las cosas cambian. No sólo eso, sino también el impacto que esa vida produce en el mundo. La medida de la gloria de Dios que descansa sobre una vida después de esos extraños encuentros divinos afecta a cada persona que tocamos. Lo sobrenatural se hace natural cuando Dios se convierte en el centro de los sitios donde tenemos influencia. Cuando su gloria está presente, las cosas por las cuales trabajamos mucho, como los milagros de sanidad y la transformación de la gente y las familias, llegan con poco o ningún esfuerzo.

La Escritura describe a aquellos individuos cuyas vidas son marcadas por el poder y la bendición del Dios vivo como aquellos sobre quienes el *rostro de Dios brilla*. El semblante de Dios se orienta hacia su gente y el resultado es que su vida es marcada por su gracia. Como dice Proverbios:

En la alegría del rostro del rey está la vida, Y su bene-
volencia es como nube de lluvia tardía.

—Proverbios 16:15

Ahora es el tiempo cuando todos los que confiesan a Cristo
deben prestar atención al rol de la gracia divina en nuestra vida.

Aunque Él nos ama a pesar de todo, no todos tienen la misma
medida de su gracia.

Ampliaré sobre este tema de la gracia de Dios en el siguiente
capítulo.

CAPÍTULO II

EL FAVOR
DE SU ROSTRO

*E*l deseo de buscar a Dios lo origina en nosotros Él mismo. Como todos los deseos, este no es uno que puede ser impuesto ni forzado, sino que crece en nosotros cuando "probamos y vemos que el Señor es bueno" (Salmo 34:8, NVI).

Porque, si bien se nos ha dado la capacidad para percibir la bondad divina a través del nuevo nacimiento en el Espíritu, esa capacidad es algo que debe desarrollarse en nosotros a lo largo de nuestra vida. Como explica Pablo: "Cuando venga lo perfecto, entonces lo que es en parte se acabará... Ahora vemos por espejo, oscuramente; pero entonces veremos cara a cara" (1 Corintios 13:10, 12).

LA MEDIDA DE SU PRESENCIA

La busca del rostro de Dios tiene dos dimensiones centrales: la búsqueda de su presencia y la de su gracia. Primero consideremos un poco lo que la Biblia dice acerca de la primera dimensión: buscar su presencia.

En primer lugar, debemos darnos percatarnos de que buscar la presencia de Dios no es tratar de lograr que Él haga algo. Ya nos dio al Espíritu Santo sin medida. Todas las mediciones son establecidas en nuestro lado de la ecuación, son determinadas por el grado de concordancia de nuestras vidas con Dios y su reino. La Escritura nos da algunas pistas específicas acerca de cómo podemos traer nuestra vida a un mayor acuerdo con Dios y "recibir" medidas más grandes de su presencia.

Es significativo que todas esas medidas correspondan a verdades más profundas acerca de quién es Dios. Si vamos a traer nuestra vida a un mayor acuerdo con Dios y su reino, lo primero que necesitamos es una convicción ardiente de que Dios es bueno. Otra revelación fundamental acerca de la presencia divina es que Dios en realidad mantiene todas las cosas unidas. Colosenses 1:17 (NVI) declara: "por medio de él forman un todo coherente". Coherente significa que está "unida una cosa con otra".

La búsqueda del rostro de Dios tiene dos dimensiones centrales: la búsqueda de su presencia y la de su gracia.

El panteísta adora todas las cosas, creyendo que todas ellas son Dios. Aunque no es lógico adorar a un árbol como Dios, es correcto darse cuenta de que Dios sostiene cada célula de ese árbol en su lugar.

Él está en todas partes. Y, como no puedo imaginar un lugar donde no esté, entonces puedo imaginar que está conmigo. Esta verdad acerca de Dios me lleva a una medida de conciencia de su presencia.

Una verdad aun más profunda es que Dios ha venido a vivir en cada persona que recibe a Jesucristo a través de su obra en la cruz, que fue el pago necesario por el pecado. En un sentido, Él ya estaba en mí como el que mantiene mis células en su lugar. Pero cuando lo recibo, hace de mi cuerpo su templo: el lugar de morada eterna de Dios. Él ha venido en una medida aumentada de su presencia.

Avanzamos a una verdad más profunda cuando aprendemos que dondequiera que haya dos o tres personas reunidas en su nombre, Él está en medio de ellas. Él ya está en mí como parte de su creación, y está en mí como su templo, pero esa medida de su presencia aumenta aun más cuando me uno —en su nombre— con otros creyentes.

"En el nombre de Jesús" significa más que la parte final de una oración. En realidad, es el intento por hacer y ser lo que Él haría y sería en una situación dada. Reunirnos en su nombre significa que nuestra reunión debería parecerse a cuando Jesús se reunía con la gente hace dos mil años. (Si esa es una definición correcta, entonces, ¿cuántas de nuestras reuniones son hechas, en realidad, *en su nombre?*) David descubrió una verdad maravillosa y profunda que añade a esta revelación de aumentar el grado de su presencia. Él dice: "Tú que habitas entre las alabanzas de Israel" (Salmo 22:3).

Su trono es una medida aun más grande de su presencia. Él mantiene mi ser unido con su presencia y luego se muda adentro para reinar como Dios sobre mi vida. Aumenta mi encuentro con Él haciendo que me reúna con otros en el nombre de Jesús. En última instancia, su gloria comienza a caer sobre nosotros en la medida en que aprendemos la honra que trae servirle a través de acción de gracias, alanza y adoración.

De ninguna manera es esta una lista definitiva. Pero nos da un punto para comenzar nuestra búsqueda del tesoro más grande de todos: Dios mismo. El punto es que la presencia del Señor puede aumentar y aumentará para aquellos que se embarcan en esa búsqueda. Isaías pareció tocar ligeramente el entendimiento de esto cuando escribió: "Vi al Señor... las orlas de su manto llenaban el templo" (Isaías 6:1, NVI). La palabra "llenaban" implica que Él vino al templo, pero también que continuó *viniendo*. Eso explica por qué aquellos que parecen tener la más grande medida de la presencia divina en sus vidas, tienden a ser los más hambrientos de ella.

¡Siempre hay más por lo cual estar hambriento! Esto no debería ser un concepto difícil de abrazar, puesto que creemos que Él mismo llena el universo con su presencia. El Rey David declaraba que el universo es en realidad la obra de sus dedos.[1] Ese es un Dios realmente grande que tiene mucho más que darnos.

No puedo vivir en mediocridad, contento con simplemente saber que hay más por experimentar y explorar de Dios y no hacer nada al respecto. Las verdades que no son experimentadas son, en efecto, más teorías que verdades. Dondequiera que Dios nos revela una verdad, nos está invitando a un encuentro divino.

Su promesa que afirma que "estaré con ustedes siempre" tiene que ser más que un simple versículo que citamos en tiempos difíciles. Su presencia en nosotros es el factor principal que debería hacer de nuestra difícil asignación de discipular a las naciones un mandato factible. La promesa debe convertirse en una invitación a descubrir esta manifestación en aumento de su presencia en nuestras vidas, de manera que podamos cumplir completamente nuestro propósito en la tierra.

A Él hay que conocerlo por medio de encuentros. Juan 14:16 dice: "Y yo le pediré al Padre, y él les dará otro Consolador para que los acompañe siempre". ¡Seremos llenos del Espíritu para siempre! Jesús no estableció límites en cuanto a lo que podemos tener en esta vida. Estableció un movimiento a seguir y no a ser admirado religiosamente a distancia. Muchas personas se contentan viviendo con el *concepto* de la presencia de Dios en sus vidas, pero fallan en participar en la *experiencia* deseada. Cuando me casé con mi esposa, yo no estaba interesado en el concepto ni la teoría del matrimonio. Yo quería experimentarlo con todos sus privilegios y responsabilidades. A las personas que responden apropiadamente a su presencia, se les puede confiar con un favor acrecentado, que veremos en detalle más adelante. Administramos la presencia de Dios cuando aprendemos a obedecer los siguientes mandamientos: "No agravien al Espíritu Santo" (Efesios 4:30) y "No apaguen al Espíritu" (1 Tesalonicenses 5:19). Agravamos al Espíritu cuando hacemos algo malo; lo apagamos cuando fallamos en hacer lo correcto, impidiendo el fluir del amor y el poder que vienen del Padre. Jesús modeló lo que puede ser la vida cuando una persona ni agrava ni apaga el Espíritu Santo. Es por eso que vemos tal medida de la presencia de Dios en la persona de Jesús. Juan dice respecto de Él: "Vi al Espíritu descender del cielo como una paloma y permanecer sobre él" (Juan 1:32). Ciertamente esto no habla acerca de la presencia interna del Espíritu Santo que ya estaba en la vida de Jesús. Fue la inauguración del ministerio de Jesús, y el Espíritu Santo vino a reposar sobre Él como un manto de poder y autoridad para ese propósito específico. Pero, el hecho de que el Espíritu Santo reposara sobre Él evidencia que la fidelidad de

Jesús era perfectamente compatible con la presencia de Dios. El mismo principio es cierto para nosotros.

El Espíritu Santo vive en cada creyente, pero reposa sobre muy pocos. ¿Por qué? No es porque sea frágil; ¡es porque es santo! Pocas personas le dan su vida para que repose en ella. Aquel cuya vida no concuerda con Dios —lo cual Él llama "entrar en su reposo"— no le ha dado lugar para reposar.

EN LOS PASOS DE JESÚS

Jesús es también nuestro modelo cuando se trata de perseguir y aumentar la medida de la gracia divina, como leemos en Lucas 2:52 (NVI): "Jesús siguió creciendo en sabiduría y estatura, y cada vez más gozaba del favor de Dios y de toda la gente". Esta es una declaración realmente extraordinaria. Jesucristo era perfecto en todos los sentidos. Sin embargo, aun Él necesitaba crecer en gracia para con los hombres. No hay duda que la gracia —o el favor divino— abrió muchas puertas a su vida y ministerio, que de otra forma habrían estado cerradas. Pero, ¿cómo es que el Hijo de Dios, que era perfecto en carácter y sin pecado, necesitara obtener más gracia divina? Aunque no puedo responder esa pregunta para mi propia satisfacción, sé que la implicación es bastante clara: si Jesucristo necesitaba crecer en gracia para con Dios, yo lo necesito mucho más.

Quizás Jesús obedeció a su Padre —abrazando una vida que le exigía crecer en gracia para con Dios— sólo porque nosotros necesitábamos aprender cómo hacer lo mismo. Una cosa de la que estoy convencido es que la vida cristiana fue modelada por Cristo de manera definitiva para cada creyente. Todo lo que hizo en su vida y ministerio, lo hizo como hombre que, aunque era completamente Dios, había puesto los privilegios de su divinidad a un lado para mostrarnos un modelo del tipo de vida que Él haría disponible para cada uno de nosotros a través de su muerte, resurrección y ascensión. Por el bien nuestro, nos mostró cómo crecer en gracia para con Dios.

¿QUÉ ES FAVOR?

Para poder crecer en favor, usted primero debe tenerlo. Así que, exactamente, ¿qué es el favor? Pienso que estamos familiarizados con la idea de que el favor es un tratamiento preferencial mostrado hacia alguien. Denota aceptación, aprobación y placer.

Aunque las palabras griegas y hebreas en la Escritura incluyen estas definiciones, hay una dimensión más profunda para el término griego que significa favor: *charis*. Casi en todas partes en el Nuevo Testamento esta palabra es traducida como "gracia". Gracia (y favor) es esencialmente un *don*. Si obtenemos favor con las personas o, como pudiéramos decir, "ganáramos el favor" de ellas, tendríamos acceso especial a ellas y recibiríamos algo de ellas. Lo mismo es cierto en cuanto a ganar el favor de Dios, aunque el *charis* que recibimos de Dios es obviamente diferente del favor que recibimos de los hombres.

> *Dios nos da su gracia a fin de capacitarnos para llegar a ser como Cristo.*

En nuestra conversión, aprendemos que la gracia de Dios es su favor inmerecido con los hombres a través de la sangre de su Hijo. Este favor inmerecido incluye no sólo el ser perdonado de pecado sino también recibir acceso a la propia presencia de Dios, de la misma manera que Jesús tiene acceso a Él.

Cada creyente recibe este favor de Dios, pero no todos reconocemos las dimensiones adicionales del *charis* que recibimos. La gracia divina también es su poder operacional, la fuerza de su naturaleza. Él nos da su gracia para capacitarnos, a fin de que seamos como Cristo. Estos dos aspectos de la gracia de Dios —acceso y poder— nos preparan para aprender lo que significa crecer en favor para con Dios. El punto central de esto tiene dos aspectos: (1) la búsqueda de Dios —la práctica de venir delante de Él a través del "camino nuevo y vivo" (Hebreos 10:20)— que Cristo ha puesto a nuestra disposición, y (2) recibir, en la presencia de Dios, las medidas de su propia naturaleza que nos capaciten para ser conformados a la imagen de su Hijo amado.

Al considerar el hecho de que se necesita gracia para obtener más favor y que a todos se nos ha dado una medida del favor de Dios a través de nuestra conversión, el tema de crecer en gracia es un tema de mayordomía.

La verdadera pregunta es, ¿qué he hecho yo con el favor que Dios me ha dado? Creo que no comprender y seguir el camino de la mayordomía del favor divino ha llevado a muchas personas a morir en la tragedia innecesaria de no haber cumplido nunca los sueños dados por Dios y sus deseos. A menudo, esos mismos individuos culpan a otros por no haberlos respaldado en la consecución de sus sueños. La sobria realidad es que la mayoría de los sueños se disipa por la falta del favor divino y de los hombres. Dondequiera que el favor aumenta, presenciamos el poder del incremento exponencial que viene a través de un acuerdo. Ese es el producto que deriva del favor.

Nuestros sueños auténticos que provienen de Dios no pueden ser concretados por nosotros mismos. Eso sería una señal cierta de que el sueño es demasiado pequeño. Debemos soñar tan grande que sin el apoyo que viene a través del favor divino y de los hombres, no podamos lograr nunca lo que está en nuestro corazón.

Aunque Dios ama a todo el mundo por igual, no todo el mundo tiene la misma medida de favor. Sin embargo, todo el mundo está posicionado para crecer en gracia *si* cada uno de nosotros administra eficazmente lo que tiene. En otras palabras, cuando buscamos su rostro con el favor que tenemos, crecemos en favor.

EL TEMA SUPREMO

Como sucede con todos los dones, el favor de Dios nos es dado a todos gratuitamente, sin compromiso, aunque viene con un propósito. Sin embargo, no todos eligen necesariamente usarlo de acuerdo al propósito destinado. No obstante, el favor de Dios definitivamente es algo que debemos usar.

Jesús enseñó sobre el tema cuando expuso la parábola de los talentos. En su relato, la palabra *talento* no significa una habilidad natural para hacer algo bien. Un talento era una suma de dinero en el mundo antiguo. Como puede ser medido, representa el tema del favor muy bien, porque el favor también es un producto medible.

Es como un hombre que yéndose lejos, llamó a sus siervos y les entregó sus bienes. A uno dio cinco talentos, a otro dos, y a otro uno, a cada uno conforme a su capacidad; y luego se fue lejos.

—MATEO 25:14-15

Así como a estos siervos les fueron dadas diferentes cantidades de dinero, no todo el mundo comienza con la misma cantidad de favor. No podemos permitirnos tropezar con esto; donde hay un debate entre nuestra idea de lo que es justo y la idea de Dios, seremos sabios si nos apegamos a la de Dios. Dios es soberano (es la autoridad suprema, se autogobierna, no es regido por otro), y Él decide quién comienza con qué.

"Todos los hombres son creados iguales" no es un versículo de la Biblia. Esa declaración es verdad en lo que se refiere al amor de Dios, porque Él ama a todos por igual. Pero, no a todos se les da la misma medida de favor. Considerar injusto a Dios por ello es necio. Él es Dios. Y Dios es amor, lo cual significa que hace todo por su bondad.

> El que recibió cinco talentos fue y negoció con ellos, y ganó otros cinco talentos.
>
> Asimismo el que recibió dos, ganó también otros dos. Pero, el que recibió uno hizo un hoyo en la tierra, y escondió el dinero de su señor.
>
> —MATEO 25:16-18

A los siervos se les dio varias cantidades, "a cada uno conforme a su capacidad". A ellos se les dio algo, porque tenían la capacidad de usarlo. Evidentemente, la mayordomía apropiada es *usar* lo que se nos ha dado para traer el incremento. De igual manera, la palabra *negoció* aquí es una palabra que significa simplemente, "trabajar con".

Los siervos fieles pusieron el dinero a trabajar, así como nosotros debemos poner a trabajar en nuestras vidas el favor de Dios que hemos recibido para traer el incremento. Ahora, claro que alguien que entiende cómo funciona el dinero puede trabajar con él de manera más exitosa que alguien que no lo comprende; asimismo, nosotros debemos buscar entender la naturaleza y propósito del favor de Dios si vamos a ponerlo a trabajar exitosamente.

Dios, en su sabiduría, nos da sólo lo que podemos tratar por su gracia mientras tomamos parte de este proceso de aprendizaje. Él no espera que resolvamos ecuaciones de cálculos antes de haber aprendido a sumar y restar. Eso no quiere decir que Dios no quiere madurez plena en cada uno de nosotros. Él sabe que la clave para crecer en cada etapa, ya sea que estemos a cargo de mucho o de poco, es la misma. El asunto principal siempre es la fidelidad. Dios, que es perfectamente fiel, está buscando esta característica en aquellos que dicen que lo aman.

Después de mucho tiempo regresó el señor de aquellos siervos, y arregló cuentas con ellos. Se acercó el que había recibido cinco talentos y trajo otros cinco talentos, diciendo: Señor, cinco talentos me entregaste; aquí tienes, he ganado otros cinco talentos sobre ellos. Su señor le dijo: "Bien, buen siervo y fiel; sobre poco has sido fiel, sobre mucho te pondré; entra en el gozo de tu señor". Se acercó también el que había recibido dos talentos, dijo: "Señor, dos talentos me entregaste; aquí tienes, he ganado otros dos talentos sobre ellos". Su señor le dijo: "Bien, buen siervo fiel; sobre poco has sido fiel, sobre mucho te pondré. Entra en el pozo de tu señor".

—MATEO 25:19-23

A cada uno de nosotros nos es dada la oportunidad de crecer por el uso fiel de lo que se nos ha otorgado. En el reino de Dios, la fidelidad es el valor supremo y siempre es premiada. Por otro lado, considere el veredicto de Dios sobre la infidelidad:

> Pero acercándose también el que había recibido un talento, dijo: "Señor, te conocía que eres hombre duro, que siegas donde no sembraste y recoges donde no esparciste; por lo cual tuve miedo, y fui y escondí tu talento en la tierra; aquí tienes lo que es tuyo". Respondiendo su señor, le dijo: "Siervo malo y negligente, sabías que siego donde no sembré, y que recojo donde no esparcí. Por tanto, debías haber dado mi dinero a los banqueros, y al venir yo, hubiera recibido lo que es mío con los intereses. Quitadle, pues, el talento, y dadlo al que tiene diez talentos".
>
> —MATEO 25:24-28

En esta historia, el que comenzó con más es el que fue encontrado más fiel. Su responsabilidad era mayor y fue justamente premiado. Pero, lo opuesto también puede ser cierto. He observado que algunos de aquellos que parecen tener las más grandes oportunidades en la vida terminan siendo los que más las desperdician y, por lo tanto, caen en el juicio mayor. Ellos son contados como responsables; deben dar una respuesta por su infidelidad. La Escritura es clara en este punto: "Porque a todo aquel a quien se haya dado mucho, mucho se le demandará" (Lucas 12:48). El terrateniente honra al siervo que comenzó con más y ganó más, dándole el talento no usado del siervo infiel. La fidelidad es lo que Dios busca:

"Porque al que tiene, le será dado y tendrá más; y al que no tiene, aun lo que tiene le será quitado. Y al siervo inútil echadlo en las tinieblas de afuera; allí será el lloro y el crujir de dientes".

—MATEO 25:29-30

En la misma medida que la fidelidad es premiada, la infidelidad es juzgada. Dios juzga todo lo que se opone al amor. ¿Cómo se opuso al amor el siervo holgazán? Considere el regaño del señor a él. Es interesante ver que no le corrigió la opinión que el siervo tenía de él como hombre duro, sino que lo regañó por su respuesta equivocada ante esa opinión. En vez de ser inspirado por un temor santo del señor, que le hubiera dado un significado correcto del peso de la confianza que había sido colocada sobre él, vio la prueba y dijo: "Demasiado duro". Al ignorar su responsabilidad, estaba deshonrando a su señor diciéndole, esencialmente, que sus expectativas eran demasiado altas.

Los siervos fieles no dieron excusas. Vieron lo que se les había dado y, simplemente, lo usaron. Puede que también conocieran a su señor como un hombre duro, pero, aparentemente, también pensaban que era confiable y deseaban agradarle. En efecto, al salir y conseguir más talentos con los que se les había dado, estaban actuando como su señor. Se daban cuenta de que representaban a su señor en su ausencia e intentaron elevar el nivel de hacer negocios. Su amor por él lo demostraron con acciones que revelaban su profundo honor y respeto por la autoridad de él y el sentimiento de que era un privilegio representarlo.

Me perturba ver la actitud del siervo infiel operando en tantas áreas de la iglesia cuando se trata de cumplir nuestra comisión de imitar a Cristo para destruir las obras del diablo y realizar señales y prodigios. El favor que nos ha sido dado para ser como Cristo, implica esta comisión en su propósito. Nos posiciona de una manera singular como representantes de su reino, para llevar a cabo hazañas que le dan honor y traen a las personas a su destino divino. Las palabras de Jesús fueron: "Y yendo, predicad, diciendo: 'El reino de los cielos se ha acercado'. Sanad enfermos, limpiad leprosos, resucitad muertos, echad fuera demonios; de gracia recibisteis, dad de gracia"(Mateo 10:7-8).

Los siervos fieles no se preocupan por *cómo* van a cumplir el mandato del Señor antes de haberlo intentado o aun después de haberlo hecho varias veces sin éxito. Ellos confiaban en su Señor. Si lo dijo entonces, aparentemente, Él piensa que están listos para la tarea; si usan los talentos que Él les dio. Ellos ven que el que se les haya dado la oportunidad de representarlo con todo su poder y gloria es el más grande privilegio que pudieron haber recibido.

Los siervos infieles ven las órdenes de hacer lo imposible y cuestionan la bondad y sabiduría del Señor. En lugar de buscarlo a Él para hallar la manera de cumplir sus mandatos, lo ponen fuera de la vista y se van a sus negocios. Ignorar a Dios mientras se pretende servirle es una violación seria de la relación y nos impide ser capaces de hacer aquello para lo cual fuimos puestos en este planeta: vivir para honrar a Aquel al cual le rendiremos cuentas.

Jesús modeló la fidelidad perfecta para nosotros, tomando la forma de siervo y cumpliendo a perfección la voluntad de su Padre. Él nos mostró que el mejor servicio viene de aquellos que no son en realidad siervos contratados, sino amigos íntimos que toman el rol de siervos como una expresión de amor.

A nosotros se nos ha dado favor porque nos capacita para servir más eficazmente. El favor no se debe emplear para llamar la atención o las personas hacia nosotros. El suyo es un reino desinteresado. Cuando las personas usan el favor de Dios para su propia ganancia y no para los propósitos del reino, han elegido dónde se van a nivelar en su desarrollo y experiencia.

COMO FUE EN EL PRINCIPIO

La manera de llegar a ser un siervo de Dios fiel —como nos mostró Jesús— es aprendiendo a ser su amigo. En realidad, la amistad es el propósito de la creación. Todas las cosas en la creación fueron hechas para su deleite y placer, pero sólo los seres humanos fueron creados con la capacidad de llegar a ser amigos de Dios, incluso llegar a ser uno con Él a través de su Espíritu habitando en nosotros.

En el principio, Dios caminaba con Adán bajo el frescor del huerto. Su deseo de pasar tiempo con aquellos que lo aman por elección estableció el escenario para todas las conquistas por venir.

Aun cuando Adán y Eva fueron puestos en un jardín de perfecta paz, el jardín mismo fue colocado en medio de confusión. Fue en ese escenario original que a Adán y Eva les fue dada la tarea de someter a la tierra. Dios dijo: "Sean fructíferos y multiplíquense, llenen la tierra, y sométanla" (Génesis 1:28, NVI). Al aumentar en número, ellos serían capaces de establecer y extender el reinado de Dios sobre el planeta representándolo como sus autoridades delegadas.

El territorio más allá del huerto estaba en confusión porque Satanás, uno de los tres arcángeles, había establecido su reinado

> *Él nos ha elegido para este propósito, no porque seamos mejores, sino porque somos los que nos apuntamos. Él enlista a todo aquel que esté disponible.*

allí después de haber sido echado del cielo por su rebelión y su deseo de ser adorado igual que Dios. Dios, en su soberanía, le permitió establecer su reinado en el planeta tierra porque su intención era traer juicio eterno al diablo a través de la humanidad, en particular, a través del fruto del trabajo en conjunto de Dios y el hombre.

Debemos recordar siempre que Satanás jamás ha sido una amenaza para Dios. Este eligió darles a aquellos que fueron hechos a su imagen el privilegio de ejecutar el juicio divino sobre todas las huestes caídas. Dios determinó que la derrota del diablo viniera de las manos de aquellos hechos a la imagen de Él, que lo adoraban por decisión, porque significaba que el diablo sería vencido por aquellos que tenían éxito donde él había fracasado. Esta justicia divina golpea en el mero centro de cómo y por qué Satanás fue echado del cielo en primer lugar. Vemos el divino plan expresado por David en el Salmo 23:5 (NVI): "Dispones ante mí un banquete *en presencia de mis enemigos*" (énfasis añadido). Es como si Dios dijera: "¡Satanás! Mi pueblo me ama y yo a ellos, ¡y vas a ver!". Tal romance golpea terror en el corazón del diablo y sus huestes. En esta mesa de compañerismo, nuestra relación con Dios se profundiza y desborda en una vida de victoria en conflicto con los poderes de las tinieblas.

Dios está buscando una sociedad, una sociedad en la que capacite a su pueblo para ser todo lo que destinó que fueran. Él es Aquel que dijo que haría los cielos para sí mismo, pero la tierra la hizo para el hombre. A través de esta sociedad, describe la similitud propuesta entre su mundo (cielo) y el nuestro (tierra). Su pueblo es para confirmar su reinado a un mundo agonizante. Él nos ha elegido para ese propósito, no porque seamos mejores, sino porque somos los que nos apuntamos. Él enrola a todo aquel que esté *disponible*.

JESUCRISTO: LA PERSONA DE LA SABIDURÍA

Querer crecer en gracia para con Dios es el deseo más natural en el mundo. La sabiduría sabe cómo hacerlo.

La sabiduría nos da las llaves para entender y emplear el favor que nos ha sido dado conforme a los propósitos divinos. Para nosotros, crecer en sabiduría y en favor va de la mano porque son interdependientes. Jesús, una vez más, modeló eso para nosotros, como vemos en Lucas 2:52. Él crecía "en sabiduría y estatura, y cada vez más gozaba del favor de Dios y de toda la gente" (NVI). En efecto, Jesús es la persona de la sabiduría, como dice 1 Corintios 1:30: "Cristo Jesús, a quien Dios ha hecho nuestra sabiduría" (NVI). Eso debería convencernos de que estudiar la vida de Cristo y profundizar nuestra relación con Él es central a la mayordomía de nuestro favor para con Dios.

"Que nunca te abandonen el amor y la verdad... Contarás con el favor de Dios y tendrás buena fama entre la gente" (Proverbios 3:3-4, NVI). Esta declaración describe a aquellos que abrazan la instrucción del Señor con diligencia, que están comprometidos a obedecer y no perder de vista su Palabra. Haciendo esto, se posicionan para un incremento del favor divino. Darle un alto valor a la voz y a la Palabra del Señor desempeña una gran función en la obtención de más favor divino.

"En verdad, quien me encuentra, halla la vida y recibe el favor del Señor" (Proverbios 8:35, NVI). Todo el capítulo ocho de Proverbios revela la persona llamada Sabiduría la cual, por supuesto, es Jesucristo. El capítulo se enfoca primeramente en el rol de la Sabiduría en la historia de la Creación, y, al hacerlo, revela la verdadera naturaleza de ella: es la expresión creativa de Dios. Este versículo promete que encontrar la sabiduría de Dios en lo que concierne a su expresión creativa en nuestros campos de influencia, es una forma segura de crecer en el favor divino.

Una manera útil de ver cómo opera esta promesa es verla dentro del cuadro que se nos da en el Nuevo Testamento, donde se nos dice que somos el Cuerpo de Cristo. Como los miembros de un cuerpo humano, cada parte del Cuerpo de Cristo es único. Sin embargo, cada uno encuentra su significación y funciona sólo en relación con el resto del cuerpo, particularmente el cerebro. Encontrar la sabiduría es el proceso de descubrir y alinear correctamente nuestra vida en relación con la cabeza, Cristo, y con nuestro destino único para expresar un aspecto de su naturaleza en una forma que nadie más puede. El favor de Dios descansa sobre nosotros cuando somos y hacemos aquello para lo cual Él, en su sabiduría, ideó que fuéramos e hiciéramos.

"El que procura el bien obtendrá favor" (Proverbios 11:27). Aquí la palabra *bien* significa "cosas que son de beneficio" o "agradables". Aquellos que ponen un esfuerzo extra en buscar las cosas que agradan al Señor y traen beneficio al Rey y su pueblo no pueden más que crecer en favor para con Dios y los hombres.

"El bueno alcanza el favor del Señor, pero el Señor condena al hombre de malos pensamientos" (Proverbios 12:2). Aquí la palabra *bueno* implica otras características que no mencioné en el versículo anterior. "Agradable", "alegre", "generoso" y "festivo" son algunas de las definiciones que se aplican a este versículo. El mundo quiere pintar a la gente "buena" como aburrida, legalista y sombría. Pero, la bondad de Dios puede ser siempre reconocida en aquellos que parecen desbordar de gozo, ánimo, perdón, paz y generosidad. Su bondad es el fruto de una vida celebrada con Dios y, puesto que son como Él, Él es atraído hacia ellos. Las personas buenas son promovidas con facilidad. Se alinean automáticamente en una vida de favor constante.

"El buen juicio da gracia; el camino de los transgresores es duro" (Proverbios 13:15). Uno de los primeros mandamientos en el libro de Proverbios es buscar el entendimiento. Muchos cristianos reconocen que Dios se opone a un evangelio puramente intelectual, vacío del Espíritu de Dios, que consista de forma sin poder y haya caído en el error de creer que Él valora un cristianismo sin sentido. Pero, la verdad es que ninguno de nosotros alcanzará la madurez si pensamos que tenemos que volvernos estúpidos o cortar parte de nosotros para poder servir a Dios. Si vamos a tener éxito en cumplir con las tareas que Dios tiene para nosotros, necesitaremos que todas nuestras facultades y energías estén enfocadas y ocupadas en lo que estamos haciendo y en lo que Dios está haciendo. Después de todo, estamos llamados a ser *discípulos*, esto es, aprendices. Ciertamente, Jesús intentó llevar a sus discípulos a un entendimiento más profundo de la realidad del reino. Aquellos que persiguieron entender la vida desde la perspectiva de Dios, lo agradaron grandemente. Practicar los principios del reino posiciona a la persona para un crecimiento en el favor divino.

"El favor del rey es para el siervo que obra sabiamente, mas su enojo es contra el que obra vergonzosamente" (Proverbios

14:35, LBLA). "Obrar sabiamente" es vivir como Jesús viviría, consciente de los pensamientos y valores del Rey. Tal estilo de vida atrae el cetro del favor del Rey.

"El que halla esposa halla algo bueno y alcanza el favor del Señor" (Proverbios 18:22, LBLA). Las implicaciones de esta promesa van más allá de simplemente casarse. Muchos han hecho eso sin ningún crecimiento del favor de Dios. Esta promesa es dada a aquellos que correctamente administran la bendición del matrimonio. Si usted quiere captar la atención del Rey, trate bien a Su hija. Eso, por naturaleza, implica unidad —venir a ser uno— lo cual ilustra la relación de Dios con su pueblo. El novio debe amar a su novia como Jesús ama a la iglesia y murió por ella. La novia debe honrar y respetar al novio como la iglesia respeta a Dios. La mayordomía del matrimonio manteniendo el honor y el amor en la relación, lo posiciona a uno para crecer en favor para con Dios y los hombres. Cuando esta relación es tenida en alta estima, el mensaje del amor divino se ve con más claridad en este mundo.

Como puede ver en estos versículos, aquellos que crecen en favor no son los que se enfocan en saltar y tachar cosas de la lista para lograr la atención de Dios. Esa es la mentalidad del siervo contratado, no la del amigo. El amigo crece en favor al abrazar una vida de obediencia, motivada por la pasión por Él y solamente Él. Esta verdad es un factor importante de recordar cuando buscamos el favor divino. Muchas personas quieren más dinero, puertas abiertas para sus negocios o ministerio, o hasta oportunidades más grandes para sus familias. Pero, el favor de Dios es primero que nada para darnos el privilegio de conocerlo a Él, simplemente por el propósito de conocerlo a Él. Se podría decir que el favor divino llega a aquellos que han escogido mantener lo principal, principal: conocer y amar a Dios. "Mas alábese en esto el que haya de alabarse: en entenderme y conocerme" (Jeremías 9:24). Los que están enojados con Dios en sus corazones, a menudo miran a un sujeto como este y acusan a Dios de ser parcial, sin darse cuenta de que el favor divino viene a los que han tratado honradamente con los asuntos del corazón.

EL FAVOR DE DIOS AFIRMA NUESTRA IDENTIDAD

Como ya mencioné, ganamos favor con Dios al buscar su sabiduría para descubrir y cumplir el destino para el que nos creó. Vital para este proceso es una de las expresiones principales del favor divino: declaraciones en las cuales reconoce nuestra identidad y afirma su aprobación y aceptación en cuanto a nuestras vidas. La Escritura está llena de esas declaraciones, pero debe haber momentos en la vida de cada creyente en los cuales escuchamos la voz de nuestro Padre decirlas directamente a nosotros. Es allí cuando ellas vienen a ser *nuestras*.

No debería sorprendernos el que necesitemos que Dios muestre su favor con nosotros en esta forma, porque este tipo de necesidad —la afirmación y la aprobación— está conectada a nuestro ADN. La búsqueda del favor es una conducta humana profundamente arraigada y normal. Todo el mundo tiene conciencia de la falta de plenitud que hay aparte del reconocimiento y la afirmación que proviene de afuera. Aun cuando la búsqueda de la aprobación humana haya hecho que muchos caigan en un temor no saludable del hombre, el deseo básico de la afirmación es auténtico y necesario. Cuando recibimos este tipo de favor, crece el efecto de quiénes somos y qué se nos ha dado para hacer en la vida, porque toca el principio del *crecimiento exponencial a través del acuerdo*. Afirma el hecho de que *dos son mejor que uno* si están unidos. Con el favor, nuestro potencial crece cuando la fuerza de otros es añadida a la nuestra.

Se puede ver a los niños a una edad muy temprana buscar el reconocimiento de alguien importante para ellos. "¡Papi, mírame! ¡Papi, mírame!", se escuchaba con frecuencia en mi hogar cuando mis hijos estaban por intentar algo nuevo o valiente. La atención que obtenían de mí, y los vítores de apoyo, eran bloques esenciales en la construcción de su autoestima y confianza en la vida. Aun cuando trabajaba fuertemente para darles mi total atención en esos momentos, había un efecto inusualmente más grande cada vez que hablaba muy bien de ellos a mis amigos en su presencia. Parecía comunicarles mi máxima señal de aprobación. Eso es algo que hago aún, a pesar de que ya son adultos.

BUSQUE LA GLORIA DE DIOS

El Padre celestial habló de su Hijo, Jesús, para que escucharan los espectadores: "Este es mi Hijo amado, en quien tengo complacencia" (Mateo 3:17). ¡La marca del favor divino en una vida siempre es una declaración celestial!

El reto para cada uno de nosotros es renovar nuestras mentes y corazones de manera que nuestros afectos estén anclados, manteniendo la aprobación de Dios como nuestra meta y recompensa supremas. Si fallamos en valorar el favor del hombre en su apropiada posición subordinada en nuestros corazones, seremos vulnerables a la tragedia.

En realidad, la mayoría necesitamos romper primero nuestro acuerdo con el espíritu de temor del hombre para poder ser libres de desarrollar las prioridades apropiadas cuando se trate del favor de Dios y el del hombre. Mucha gente no se da cuenta de que su acuerdo con ese espíritu aún está operando en su pensamiento, así que no se aventuran en su pasión por Dios sin la aprobación de otros. Buscar el reconocimiento del hombre a costa de la aprobación divina es necio a lo más y completamente autodestructivo en el peor de los casos, pero también es el camino de este mundo, así que debemos ser proactivos para desmantelar tal pensamiento en nosotros, y valientes a fin de resistir la presión de nuestros semejantes para cooperar con ello. Aquí es donde una de las advertencias de Jesús entra en juego. Él advirtió a sus discípulos acerca de la influencia potencial en sus mentes, cual levadura, ejercida por el sistema religioso (fariseos) y el sistema político (Herodes).[2] Ambos tienen el temor del hombre como su denominador común. Jesús también dijo: "¿Cómo va a ser posible que ustedes crean, si unos a otros se rinden gloria pero no buscan la gloria que viene del Dios único?" (Juan 5:44, NVI). Este versículo no enseña que honrar a las personas es malo. Eso nos llevaría a un conflicto con el resto de la Escritura. Lo que dice es que la fe no puede coexistir con el temor del hombre, esto es, con preocuparse más por lo que alguien pueda pensar de nosotros por una decisión particular, que lo que Dios piense de nosotros. Es importante que notemos esto, porque es imposible agradar a Dios aparte de la fe. Y la búsqueda del favor tiene todo que ver con agradar a Dios.

Nada se compara con la satisfacción de agradar al corazón de nuestro Padre celestial. Abrazar la máxima búsqueda de su rostro significa llegar a ser una persona cuyo pensamiento y acción estén impulsados por la meta de escuchar esta declaración desde el cielo: "¡Bien hecho!". Gracias a Dios, la Escritura está llena de claves para llegar a ser —y cómo no llegar a ser— esa persona.

En el próximo capítulo, daremos una mirada a cómo la historia de Israel nos da una revelación fértil que define el tipo de relación a la que Dios nos ha llamado y las decisiones que todos tenemos que hacer al caminar en esa relación.

CAPÍTULO III

HACIA LA
TIERRA PROMETIDA

*J*acob es la primera persona mencionada en la Biblia que tuvo la revelación de un encuentro con el rostro de Dios. Después de su lucha libre con el ángel del Señor, "Jacob llamó Peniel a aquel lugar, porque dijo: Vi a Dios cara a cara, y fue librada mi alma" (Génesis 32:30). Tiene gran significado el hecho de que fue en este encuentro cuando el nombre de Jacob le fue cambiado por el de Israel. Cientos de años más tarde, Dios designó que la bendición a continuación se pronunciara sobre la nación de Israel:

Jehová habló a Moisés y le dijo: "Habla a Aarón y a sus hijos, y diles: Así bendeciréis a los hijos de Israel. Les diréis: Jehová te bendiga y te guarde. Jehová *haga resplandecer su rostro sobre ti* y tenga de ti misericordia; Jehová *alce sobre ti su rostro* y ponga en ti paz. Así invocarán mi nombre sobre los hijos de Israel, y yo los bendeciré".

—NÚMEROS 6:22-27, énfasis añadido

53

La bendición que asignó a Israel fue declararle el favor del rostro de Dios. Y es por medio de Israel que el resto de la humanidad ha sido invitada a participar en esa búsqueda suprema.

Dios quería que la misma marca que puso sobre Israel (Jacob) cuando luchó con él, estuviera sobre todos sus descendientes. El pueblo que llevaría su nombre debía ser reconocido por la bendición de gracia y paz sobre sus vidas.

No fue un error el que haya sido a Moisés a quien Dios le habló acerca de que su rostro debía resplandecer sobre su pueblo, siendo Moisés la segunda persona, y en efecto la más significativa, asociada con la revelación del rostro divino. Éxodo 33:11, nos dice que "Jehová hablaba con Moisés cara a cara, como habla cualquiera con su compañero", y en Éxodo 34 leemos que cuando Moisés salía de esos encuentros, su rostro brillaba, reflejando la gloria que había estado contemplando. Hasta la llegada de Jesús, la Biblia no registra a ninguna otra persona que haya sido portadora de la gloria física y real del Señor, visible en esa forma. Es claro que Moisés tuvo una revelación del rostro de Dios, por lo que debemos poner atención a lo que eso significa.

Para entender a cabalidad el significado de quién era Moisés y la revelación que tuvo, necesitamos comprender cuál fue su lugar en la narrativa que Dios estaba desarrollando en la historia del mundo. Desde el momento en que Adán y Eva rompieron su amistad con Dios por medio del pecado, Dios empezó a desarrollar un plan para devolver a la humanidad a una relación con Él. Sin embargo, durante la historia temprana de la humanidad hubo un rechazo absoluto a Dios y a sus caminos.

Así que Dios escogió a un hombre, Abraham, por medio del cual construiría una nación; con ella ilustraría aquello que siempre había estado en su mente para toda la humanidad. Nunca fue la intención de Dios que sólo el pueblo de Israel disfrutara de su amor de manera exclusiva, sino más bien que esa nación se convirtiera en un ejemplo de lo que Él le ofrece a todo el mundo. Como acabamos de ver, la bendición que Dios asignó al pueblo de Israel era la declaración del favor de su rostro. Y es por medio de Israel que el resto de la humanidad ha sido invitada a participar en esa búsqueda suprema. Cuando profundizamos, hallamos que la historia de Israel nos llama a esa búsqueda al revelarnos el hecho de que Dios mismo está en su propia búsqueda, la de nuestros rostros, si se puede decir. Dios está en busca de restaurar la intimidad cara a cara con sus hijos, la que se perdió por la intromisión del pecado. Percibir a lo largo de las Escrituras que Dios está en nuestra búsqueda es un ingrediente vital para ayudarnos a llegar a una posición en que podamos comprender y ser poseídos por el impulso de buscar a Dios de la misma manera en la que Él nos ha buscado, con entrega absoluta. Los que abrazan esa búsqueda suprema son simplemente aquellos que han captado de manera correcta y han respondido a la invitación de restaurar la relación que Dios les ha hecho.

Percibir la invitación divina a lo largo de las Escrituras, particularmente en la historia de Israel, no es algo que toda persona haga de manera automática. Es más, gran parte de la historia de Israel es el relato de un pueblo que *no entendió* en esencia aquello a lo cual Dios le estaba invitando. De esa historia podemos aprender una lección doble: cómo responder y cómo no responder a Dios. Como veremos muy pronto, es precisamente aquí en donde encontramos a Moisés, que fue "uno entre un millón" que sí entendió el asunto.

Sin embargo, no comprendemos de manera automática porque necesitamos recibir una gracia divina de parte de Dios para poder ver las cosas desde su perspectiva. A este proceso de percepción para llegar a un acuerdo con la perspectiva divina se le llama *arrepentimiento*. Usualmente la mayoría asociamos esta palabra con sentir tristeza por nuestros pecados, lo cual es correcto. La Escritura nos dice que la tristeza que viene de Dios nos conduce al arrepentimiento.[1] Pero sentir tristeza no es arrepentimiento. Nos arrepentimos cuando nuestra tristeza por causa del pecado nos conduce a un estado en el que recibimos poder de parte de Dios para cambiar la forma en que pensamos. Puede que todos tengamos la capacidad de cambiar aquello en lo que pensamos, pero solamente Dios puede darnos una nueva perspectiva acerca de la realidad. Sólo Dios, de manera particular, puede forjar un paradigma en nuestro pensamiento a partir del cual podamos vivir y relacionarnos con Él, en vez de atravesar por movimientos religiosos y contentarnos simplemente con conocer acerca de Él.

Por eso es que Jesús empezó su ministerio declarando: "Arrepentíos, porque el reino de los cielos se ha acercado" (Mateo 3:2, RVR60). Cristo vino a la tierra como la revelación definitiva y explícita ante la búsqueda de Dios por parte de la humanidad. Pero, sin recibir el don del arrepentimiento, mucha gente a la cual Jesús le predicó, sanó y por quienes murió, permanecieron ciegas ante esa revelación. Precisamente por medio de esa declaración dejo el don del arrepentimiento a disposición de todo aquel que estuviera dispuesto a escuchar. Esa es la naturaleza de todos los mandamientos de Dios. Él habló para que el universo existiera, y cuando Dios nos habla, la gracia es liberada de la misma manera, para capacitarnos para lograr lo que nos ha pedido. Nuestro trabajo es apropiarnos de esa gracia confiando en lo que ha dicho y dando pasos hacia una obediencia radical.

UNA HISTORIA DE GRACIA

La historia de Israel, de manera apropiada, empieza de la misma forma en que se inicia la vida cristiana, con acto de obediencia radical: el hombre deja atrás las ataduras humanas que definían su vida y da pasos hacia un camino de total dependencia de la perspectiva de Dios y sus mandamientos. Fue Abraham quien respondió a la invitación de Dios para relacionarse con Él y eso lo calificó para recibir el gran favor por medio del cual Dios convirtió a quien era padre de uno, en padre de una nación. Vamos a pasar un poco de tiempo observando en que manera el favor de Dios moldeó la historia de Israel dándole la forma de una tradición de redención que profetizó la redención definitiva que Cristo alcanzó para nosotros.

Antes que nada, quiero aclarar que aun cuando la fe de Abraham lo capacitó para recibir el favor que Dios le ofrecía, la historia es clara al señalar que no estaba recibiendo esa oferta debido a un mérito particular o a alguna fuerza especial que poseyera. En efecto, desde Abraham hasta sus descendientes, la historia nos cuenta que fue solamente la decisión divina lo que distinguió a Israel como pueblo y que fue escogido por causa de su *insignificancia*. Esa estrategia divina, de tomar lo bajo y despreciado y usarlo luego para desplegar su gloria, ha sido ejecutada una y otra vez a lo largo de la historia. La realidad es que la gente tiende a reconocer mejor la misericordia de Dios y darle la gloria cuando hace eso. Cristo se lo declaró al apóstol Pablo cuando le dijo: "Bástate mi gracia, porque mi poder se perfecciona en la debilidad" (2 Corintios 12:9). Los discípulos de Jesús también experimentaron esto, como lo vemos en la respuesta de los líderes religiosos a su predicación: "Entonces viendo la valentía de Pedro y de Juan, y sabiendo que eran hombres sin letras y del vulgo, se admiraban; y les reconocían que habían estado con Jesús" (Hechos 4:13). Esta realidad es uno de los temas principales en la historia de Israel que prefigura la vida de todo creyente.

Hay dos cosas que debemos notar acerca del favor que Dios le dio a Abraham. Ya mencioné la primera, que es el hecho de que ocurrió debido a la fe de Abraham, lo cual se demostró por medio de una obediencia radical. La obediencia radical siempre da prioridad a lo que Dios dice. Cuando Dios le dijo a Abraham que dejara su país de origen, no se molestó en decirle hacia dónde lo llevaba. Solo dejó claro que si Abraham iba a cumplir con la asignación que le ofrecía, no podía quedarse más en ese ambiente. Cuando Dios solamente nos da la guía que necesitamos para el momento, esto tiende a mantenernos más cerca de Él. Nos ayuda a aprender la muy importante lección acerca de la dependencia de Dios: una lección que cada persona que ha sido marcada por el favor divino necesita entender. La disposición de Abraham de seguir a Dios bajo esos términos fue lo que Dios necesitaba para confiarle una tarea maravillosa.

Lo segundo que debemos notar acerca del favor divino es que fue dado con un propósito específico. El favor de Dios siempre va acompañado de una tarea. En el caso de Abraham, su asignación era levantar una nación, lo que significaba que el impacto del favor divino en la vid de Abraham y en cada uno de sus descendientes tenía un momento y un propósito que iría más allá de ellos mismos por generaciones; en efecto, a todas las generaciones que serían parte de la revelación que Dios quería liberar sobre la tierra por medio de esa nación. Por eso, prácticamente en todos los encuentros que Abraham tuvo con Dios, se mencionaron las generaciones que el favor de Dios debía moldear.

En uno de esos encuentros el Señor le dijo a Abraham: "Ten por cierto que tu descendencia habitará en tierra ajena, será esclava allí y será oprimida cuatrocientos años, pero también a la nación a la cual servirán juzgaré yo; y después de esto saldrán con gran riqueza" (Génesis 15:13-14). Aunque una profecía de cautividad no nos parezca una señal del favor divino, una vez más era simplemente el escenario para que Dios desplegara su poder y perfeccionara su fuerza en medio de la debilidad. Y cuando llegamos a los eventos específicos en los que se cumple la profecía hecha a Abraham, descubrimos a dos individuos extraordinarios que fueron marcados por el favor de Dios: uno (José) fue marcado para conducir a Israel a Egipto, y el otro (Moisés) para guiarlo fuera de él. Al igual que Abraham, ambos hombres atravesaron pruebas que los prepararon para llevar sobre sus vidas el favor de Dios y para cumplir con las tareas que les fueron encomendadas.

Después de que José recibiera la revelación del favor divino por medio de dos sueños proféticos, su camino inmediatamente le condujo a circunstancias que parecían contradecir por completo la revelación. Siendo que José terminó echado en un pozo, vendido a la esclavitud y condenado a prisión, estoy seguro de que no tenía ni idea de que el favor divino lo estaba posicionando para cumplir con la palabra profética que estaba sobre su familia. Pero eso, más que cualquier plan del enemigo, era la verdad suprema de su circunstancia. El favor divino nos hace ascender a la cima en nuestra esfera de influencia, y la verdad es que puede reconocerse más fácilmente si se empieza desde abajo. La hora más oscura de José reveló la extraordinaria medida del favor divino en su vida. Algunos dirían que el hecho de que terminara en prisión revela que gozaba de poco favor, pero no es así. La realidad fue que esa gracia fue lo que le capacitó para cambiar las circunstancias adversas en el proceso de entrenamiento preciso que necesitaba para cumplir con la tarea que le había sido asignada.

Asombrosamente, la gracia en la vida de José no fue solamente para salvar a su familia, sino también a la nación de Egipto. Después de todo, si el pueblo de Dios iba a salir de esa nación "con gran riqueza" en unos cuantos cientos de años, era necesario que fuera una nación próspera, y no una destruida por el hambre. De esa forma, el favor de Dios sobre Israel se hizo muy visible para la nación de Egipto. Sin embargo, después de la muerte de José, Dios permitió que se levantara un faraón que vio la bendición de los hijos de Israel con ojos de temor y celos: así como le permitió al enemigo, que odiaba y temía a Adán y a Eva por causa de su intimidad con Dios, que entrara al jardín del Edén. Ese faraón, en efecto, es una de las más claras representaciones del enemigo en las Escrituras, y su reino de opresión sobre Israel es el emblema de la esclavitud de la raza humana en el dominio —de pecado y muerte— del enemigo.

Esto nos trae otro efecto innegable del favor de Dios: tiene una manera de provocar a aquellos que no lo tienen. Esto es una realidad que empezó en el huerto y que ha continuado a través de Caín y Abel, Satanás y Job, Jacob y Esaú, David y Saúl, hasta

Cristo y los fariseos y a través de todas las generaciones en la historia de la iglesia. Cada escenario simplemente recrea el odio del enemigo hacia quienes son objeto del afecto de Dios. Pero no debemos permitir que eso nos impida buscar ese favor divino que Él puso a nuestra disposición. Como veremos, es cuando buscamos la gloria y la intimidad para la cual fuimos creados por Dios, que se dan las condiciones perfectas para que sus enemigos se levanten y sean juzgados.

Tal como Dios había profetizado a Abraham cientos de años antes, tenía un día de juicio planeado para Egipto: un juicio que se habían ganado por la mala respuesta a un pueblo marcado con su favor. Y así como definitivamente lo haría por la raza humana en la persona de Cristo, Dios ejecutó ese juicio al levantar a un libertador para su pueblo.

La historia nos cuenta que el favor en la vida de Moisés fue visible aun cuando era un niño. Al igual que Cristo, Moisés nació en un ambiente hostil a los niños varones. Con el temor de que un libertador pudiera levantarse de en medio del pueblo, Faraón ordenó que todo varón recién nacido de los israelitas fuera asesinado. Sin embargo, la madre de Moisés vio que el suyo era un niño especial y lo protegió lo más que pudo. Luego Moisés estuvo bajo la protección de la hija del Faraón y, asombrosamente, terminó creciendo en la propia casa de Faraón. Cuando Moisés supo que era israelita, la pasión por ver a su pueblo libre de la crueldad de la esclavitud aumentó. Trató de cumplir su destino bajo su propio poder y entró a una temporada de exilio que duró cuarenta años. Pero eso, al igual que los años de José en prisión, se convirtió para él en el entrenamiento de Dios, y concluyó con su tremenda comisión en el lugar de la zarza ardiente.

El favor divino en Moisés era diferente al de Abraham y al de José, porque la tarea —liberar a la nación de Israel— requería que Moisés se enfrentara a los principados espirituales que oprimían al pueblo. Aunque Abraham, Isaac, Jacob y José tenían historias del poder milagroso de Dios asociado a ellos, los milagros que Dios realizó por medio de Moisés están en una escala completamente diferente. Es sencillo comprender la inseguridad de Moisés ante la zarza ardiente, cuando consideramos que nada de lo que Dios le estaba pidiendo se había hecho antes. Moisés estaba familiarizado con el poder. Después de haber crecido en Egipto, probablemente sabía con exactitud contra qué se enfrentaría cuando Dios le dijo que confrontara a los poderes demoníacos que estaban tras el trono de Faraón. Sin embargo, Moisés aún no había visto la demostración del poder superior de Dios. Era aquí donde debía dar ese paso de obediencia radical. Al hacerlo, Moisés recibió una revelación del Dios que invade lo imposible como nunca nadie ni alrededor de él la había recibido. Y yo creo que ese nivel de revelación explica por qué Moisés tuvo una relación tan profunda y única con Dios.

LA BATALLA POR LA ADORACIÓN

Antes de considerar la relación de Moisés con Dios de manera más detallada, debemos observar algunos de los elementos de la historia del Éxodo y entender cómo hablan de manera profética acerca de nuestro propio éxodo del reino de las tinieblas al de la luz.

Primero que nada, no podemos olvidar el hecho de que Dios invocó su derecho de pertenencia sobre su pueblo ante Faraón al demandar que fuera liberado para adorarle. El asunto de la adoración es el punto clave en la historia humana. Fuimos creados para adorar a Aquel a cuya imagen fuimos creados. Cristo fue crucificado para restaurar nuestro lugar de la comunión con Dios en adoración. Eso significa que la salvación que adquirió para nosotros no es solo salvación de la *muerte* sino también, y aun más importante, salvación *para entrar* a una vida de comunión con Dios. En ese lugar en donde mantenemos la adoración a Dios, somos transformados. Siendo que siempre nos hacemos semejantes a aquello que adoramos, no hay nada mayor que Dios pueda querer para su pueblo que el que le adoremos, pues no hay nada más grande que Dios mismo. Dios no anhela que le adoremos porque sea un egoísta que necesita nuestra aprobación. Dios anhela que nuestra transformación ocurra en la gloria de su presencia, la gloria que desciende en tiempos de intensa adoración.

Cuando Adán y Eva pecaron, no dejaron de adorar: simplemente redirigieron su adoración hacia lo incorrecto. El plan del enemigo siempre ha sido robar nuestros destinos haciendo que adoremos cualquier cosa menos a Dios. Vemos cómo este plan queda expuesto en la historia de Génesis por medio de Faraón, que entendió claramente que el hecho de que Israel adorara a Dios era una amenaza para su reino. Sus respuestas a Moisés revelan las tácticas que el diablo continúa usando para impedir que la gente entre a una libertad completa, que es el verdadero fruto de nuestra vida cuando vivimos para adorar a Aquel que es digno de nuestra adoración. Y las respuestas de Dios a Faraón revelan su pasión por hacer que su pueblo no tenga nada menos que una libertad completa. Esa libertad total siempre está en el plan divino. Su amor siempre trabaja para hacernos libres. La ira de Dios siempre está contra aquello que interfiere con su amor.

Consideremos las estrategias tras las respuestas de Faraón a Moisés. La primera vez que Moisés le pidió que liberara al pueblo para que pudiera salir a adorar, Faraón dijo: "Andad, ofreced sacrificio a vuestro Dios, pero dentro del país" (Éxodo 8:25). Al diablo no le importa que adoremos a Dios siempre que no implique cambio. La verdadera adoración, y la libertad que esta trae, requiere la dedicación de nuestra vida entera a Dios. Cualquier oferta que trate de convencernos de lo contrario es falsa. Si tratamos de adorar a Dios "en la tierra" del reino del diablo, le damos acceso legal para influenciar y arruinar nuestros esfuerzos.

Cuando Moisés rechazó esos términos, Faraón le ofreció dejar salir a Israel: "Con tal que no vayáis más lejos" (Éxodo 8:28). Permitir cambios, pero solo de manera parcial, sigue siendo un esfuerzo por controlar al pueblo de Dios. Por lo general, esa estrategia funciona bien con aquellos que conocen su derecho de adorar a Dios pero que aún están aferrados a algo. Esas personas pueden ser comúnmente convencidas de que una rendición total de sus vidas a Dios es algo demasiado extremo. Considere lo que le ocurrió a la mujer que preparó a Jesús para su sepultura al derramar sobre él un costoso ungüento, que valía todo un año se salario. Todos menos Jesús pensaron que eso era excesivo y extremo. Sin embargo, el Señor honró a la mujer diciendo que la historia de su extravagante adoración sería contada en todo lugar donde se hablara de Él. Lo que otros pensaron que era excesivo y extremo, Dios lo consideró razonable. La única adoración verdadera es la adoración extrema, y solo una adoración extrema produce resultados extremos: transformación.

Rechazado una vez más, Faraón amplió su oferta al decir: "Id ahora vosotros los hombres" (Éxodo 10:11). Fue bastante evidente que el enemigo temía que familias enteras adoraran a Dios juntas. Unidas en propósito. Existe un poderoso acuerdo espiritual que se establece cuando varias generaciones aúnan esfuerzos para honrar al único y verdadero Dios, y eso trae una liberación exponencial de poder y bendición que no puede ser obtenida por ninguna otra vía. El diablo también lo sabe, y por eso trabaja tiempo extra para destruir a las familias. Dios mismo explicó que hizo que el esposo y la esposa fueran uno; lo hizo así para que tuvieran una descendencia piadosa.[2] La unidad engendra unidad, especialmente cuando su propósito es honrar a Dios.

El esfuerzo final de Faraón para comprometer a Moisés y al pueblo de Israel lo vemos en esta declaración: "Id, servid a Jehová; que solamente queden vuestras ovejas y vuestras vacas" (Éxodo 10:24). Esta declaración revela la última prueba y potencialmente el último lugar de bendición de Dios. Eso es adorar a Dios con todos nuestros recursos financieros como también con nuestras familias. Un cristianismo que cuesta poco vale poco. Satanás sabe que si puede mantenernos apegados a su economía, orientada al temor, puede influenciar nuestras emociones y nuestra voluntad y envenenar nuestro pensamiento. El resultado final es que nos volvemos ineficientes para alcanzar nuestro propósito divino. Este último esfuerzo por parte de Faraón revela lo que Satanás más teme: las familias que adoran juntas con entrega total, usando lo que poseen para la gloria de Dios. Eso aterroriza de manera terrible al diablo, porque nada podrá serle retenido a ese tipo de gente.

Y fue precisamente esa clase de gente lo que Dios pretendió que Israel fuera. Dios no mandó a Moisés a negociar con Faraón. Todas esas negociaciones con Faraón se dieron para ganar la confianza de Israel cuando Dios desplegara su poder superior y lograra una liberación que a su vez sería una profecía de la última liberación que traería sobre la humanidad por medio de la expiación. Para cumplir el propósito final. La confrontación por la cual finalmente Faraón capituló ante las demandas de Dios fue una confrontación en la que la muerte llegó a todos aquellos que fallaron en sacrificar el cordero pascual y en ungir los dinteles con su sangre. (Una de las maravillosas verdades de esta historia es que solo un cordero era sacrificado por casa. Creo que eso significa que hay una bendición de pacto para las familias enteras cuando sus miembros caminan con fidelidad delante de Dios.)

Entonces, así como la vida cristiana empieza al abrazar la gracia y el perdón que Cristo provee para nosotros por medio de la fe, la liberación de Israel empezó al abrazar aquello que Dios había prescrito que sería para su protección. La Escritura es clara al indicar que si ellos hubieran fallado en confiar y obedecer sus instrucciones, no hubieran sido más inmunes al ángel de la muerte que los egipcios. Su fe fue el ingrediente esencial de su liberación.

Sin embargo, casi inmediatamente después de que dieron ese primer paso de fe, se encontraron ante otra prueba. Ahora estaban en medio del Mar Rojo y del ejército egipcio. La mayoría de nosotros hemos afrontado ese tipo de pruebas temprano en nuestra fe. Pareciera que Dios nos está guiando por el camino a una vida de estándares imposiblemente altos, y somos impelidos por la presión de volver al pecado y al mundo. Pero en el caso del pueblo de Dios, la presencia del ejército egipcio y la alternativa de volver a la esclavitud le dio a Israel el incentivo para cruzar el mar que parecía como un obstáculo insuperable. Si Faraón y su ejército no hubieran estado a sus espaldas, dudo mucho de que hubiesen tenido el valor de cruzar. Dios es tan bueno que aun utiliza al enemigo para motivarnos a llegar a donde Él necesita que lleguemos. El diablo es un peón en manos del Amo; sus mayores intentos por destruir *siempre* son usados para traer gloria a Dios y fuerza a su pueblo.[3]

CÓMO ENTRAR EN SU PLENITUD

¿Ha existido otro momento en la historia en el que cerca de un millón de esclavos simplemente se pusieron de pie y salieron de la nación donde eran oprimidos? Aparte de la vida, crucifixión, resurrección y ascensión de Jesucristo, el Éxodo es probablemente el hecho más asombroso que jamás haya sucedido. Pero, desde la perspectiva divina, la realidad máxima para su pueblo no era su liberación sino el *propósito* para el cual fue liberado. Lo mismo ocurre con la salvación que Cristo nos dio. La importancia y la naturaleza de esta salvación son algo de lo que estaremos aprendiendo a lo largo de nuestras vidas. Nunca se está demasiado viejo como para meditar en el hecho de que una vez estuvimos muertos en nuestros pecados y fuimos resucitados como una nueva criatura con un espíritu vivo, en el cual habita el Espíritu de Dios. Pero la verdad es que la vida en el reino es una realidad mayor que la de nuestra entrada al reino.

Esta verdad es graficada de manera simbólica por la historia del Éxodo. Cuando los israelitas salieron de la esclavitud de Egipto, pasaron a través del Mar Rojo. Es una gráfica del bautismo en agua, el acto profético por medio del cual declaramos nuestra fe en Cristo y recibimos el perdón de nuestros pecados.[4] Dios no simplemente *sacó* a Israel de la esclavitud; también los *introdujo* en la Tierra Prometida. Y cuando Dios los trajo a un

Muchos cristianos se arrepienten lo suficiente como para ser perdonados, pero no como para ver el reino.

nuevo territorio; cruzaron a través de otro cuerpo de agua, el río Jordán, para entrar en la Tierra Prometida. Eso habla del bautismo en el Espíritu. (Jesús se refería al Espíritu Santo como un río, por ejemplo, en Juan 7:38-39.) El primer bautismo tiene que ver con sacarnos de la red, por así decirlo: pagando nuestra deuda de pecado. El segundo bautismo tiene que ver con llevarnos al blanco: llenarnos de Dios para que así podamos caminar con Él y representarlo más eficazmente como sus agentes poderosos en la tierra. La Tierra Prometida para el creyente es una vida viva en el reino, en los dominios del Rey. Este es el ámbito para el cual fuimos salvados, para que podamos vivir en él.

En la realidad, dos tribus y media decidieron vivir del otro lado del río mientras nueve tribus y media cruzaron hacia la Tierra Prometida. Dios requería que trabajaran juntos para asegurarse de que el pueblo de ambos lados del río llegara a obtener su herencia. Ese "río" continúa siendo un punto de división hasta el día de hoy, ya que huestes de gente maravillosa han decidido vivir del otro lado del río de las intenciones de Dios. No es que sean inferiores, ni que carezcan de poder. Pero se han quedado con menos. Hay mucho más al otro lado del río.

Lo que nos muestra la historia del Éxodo es que es posible que un pueblo salga de la esclavitud pero se quede sin entrar a la Tierra Prometida. Es más, toda la generación que salió de Egipto fracasó y no alcanzó el destino que Dios tenía para ellos; murieron en una pequeña península entre Egipto y la Tierra

Prometida. La sencilla razón de esos destinos abortados fue la falta de arrepentimiento: fallar en permitirle a Dios que reentrenara su mente para que dejaran de tener una mentalidad de esclavos —en Egipto— y adoptaran la mentalidad que poseen aquellos que son aptos para caminar en pacto con Él.

De la misma manera, muchos cristianos se arrepienten lo suficiente como para ser perdonados, pero no como para ver el reino. Como dije al principio, la primera instrucción que Jesús dio en su ministerio fue: "Arrepentíos porque el reino de Dios se ha acercado". Pero así como los israelitas, esos creyentes se perdieron todo lo que hay disponible en la auténtica vida cristiana, y están en peligro de asentarse en una vida de forma religiosa.

La religión es la antítesis del reino de Dios. Y el reino, el territorio que compone los dominios del rey, es lo que todo hombre, mujer y niño anhela en lo profundo de su corazón. La religión crea apetitos que no puede satisfacer. Por naturaleza, valora la forma sin poder, la información sin experiencia. Hace de la apariencia externa una prioridad por encima de lo que tiene que ver con el corazón. Por eso, la religión no da oportunidad alguna para realmente conocer a Dios y, por lo tanto, es cruel, impotente y aburrida.

Debemos ser gente que no esté dispuesta a sacrificar los ideales del reino por sustitutos artificiales. De lo que se trata este presente movimiento de Dios es de encerrarnos en su presencia manifiesta para que no vivamos para nada más.

CONOCIDO POR DIOS

La diferencia fundamental entre un cristianismo auténtico y la religión tiene que ver con conocer y ser conocido por Dios y no el mero hecho de conocer acerca de Él. Es más, lo único más importante que conocer a Dios es ser conocido por Él. Jesús dejó esto claro en el Evangelio de Mateo cuando advirtió que un día el Padre iba a decir: "*Nunca os conocí.* ¡Apartaos de mí, hacedores de maldad!" (Mateo 7:23, énfasis añadido).

Conocer acerca de alguien no es lo mismo que conocerle. Cuando era niño admiraba mucho a Willie Mays, el jugador de béisbol que hoy está en el Salón de la Fama y que jugaba para los Gigantes de San Francisco. Leí todo lo que pude acerca de él, coleccioné sus tarjetas, fui a los juegos y sintonicé incontables partidos de los Gigantes por la radio. Puedo decirle su fecha de nacimiento, darle numerosas estadísticas acerca de sus logros en el campo e incluso puedo mostrarle mi copia personal de su autógrafo. Pero no lo conocí, él tampoco me conoció. Para que eso hubiera ocurrido hubiéramos tenido que pasar tiempo juntos, luego él hubiera debido dejarme entrar a su vida y yo hubiese tenido que hacer lo mismo. Sólo si eso hubiera sucedido, podría decir: "Conocí a Willie Mays".

Aunque Dios sabe todo acerca de todo el mundo, no conoce a todo el mundo. Él puede citar más datos acerca de una persona que los que la podría persona podría saber. Pero para que exista una relación hace falta el consentimiento y la cooperación mutua. Para que Dios me conozca, debo abrir mi corazón y darle acceso a los secretos de mi vida. Esa es la razón por la cual es tan importante confesar nuestros pecados a Dios. Ese es el principio de la relación. Dios ya lo sabe todo, lo bueno, lo malo y lo feo. Pero cuando le confieso esas cosas, me pongo de acuerdo con Él con respecto a que mis pecados estuvieron mal. Sin embargo, una relación debe forjarse sobre algo más que la confesión. Esta solo remueve los obstáculos y hace que la relación sea posible.

Al confesar mis pecados, me abro a Dios para hacer de la relación personal una posibilidad. Las relaciones se establecen sobre confianza, comunicación, interés común, honestidad y tiempo juntos. Es lo mismo al conocer a Dios. Y es a partir de ese punto en donde conocemos a Dios que encontramos nuestro mayor propósito en la vida.

Así que ser conocido *por* Dios es lo más importante en mi vida, lo que no sucederá sin mi rendición y sin mi respuesta a Él.

UN REINO DE SACERDOTES

Dios invitó a Israel a conocerlo en el Monte Sinaí cuando declaró en Éxodo 19:6: "Vosotros me seréis un reino de sacerdotes y gente santa". La intención de Dios era que todos en la nación de Israel fueran sacerdotes ante Él, dándole a cada ciudadano acceso exclusivo a su presencia para ejercer el maravilloso honor de ministrar a Dios mismo. Ese era el deseo de Dios para su pueblo: que todos tuvieran acceso a Él. Lo sacó de Egipto para practicar ese tipo de adoración.

La intención de darles la ley en el Sinaí fue para facilitarles el proceso por el cual Israel desaprendiera la forma de pensar egipcia y aprendiera cómo caminar con su nueva identidad de sacerdotes del Señor. Al describir lo que requería de ellos, Dios estaba revelando su naturaleza santa y justa, que necesitaban emular para caminar en relación con Él. Sin embargo, Israel rechazó la invitación de Dios a relacionarse. Vemos eso en Éxodo 20 durante el increíble encuentro de Dios, Moisés e Israel:

"Todo el pueblo observaba el estruendo, los relámpagos, el sonido de la bocina y el monte que humeaba. Al

ver esto, el pueblo tuvo miedo y se mantuvo alejado.
Entonces dijeron a Moisés: Habla tú con nosotros, y
nosotros oiremos; pero *no hable Dios con nosotros,
para que no muramos".*
—ÉXODO 20:18-19, énfasis añadido

> *Rechazar su voz es rechazar su rostro, como también la oportunidad de una relación auténtica con Él.*

Una de las cosas más importantes para ser ministro del Señor es tener un corazón sensible a la voz de Dios. Dios habla para limpiarnos, para que podamos calificar y ser capaces de acercarnos más a Él.[5] Rechazar su voz es rechazar su rostro, como también rechazar la oportunidad de una auténtica relación con Él. Los israelitas tenían miedo de morir si escuchaban Su voz, sin darse cuenta de que la muerte que temían ocurre en la ausencia de su voz. Ellos no sólo rechazaron un encuentro relacional con Dios; decidieron tener un mediador. No puede existir una relación auténtica con Dios con personas que prefieren un mediador a un encuentro personal.

La respuesta de Israel expresó su preferencia de la ley por encima de la gracia. La ley consiste en límites preestablecidos que no requieren una relación personal con Dios. La gracia, por otro lado, se basa en la relación. Tal vez una forma de simplificarlo sería decir que bajo la ley toda persona recibe requerimientos. Bajo la gracia algunas cosas cambian de acuerdo a plan único de Dios para cada individuo. Por ejemplo, Dios podría decirle a una persona que no le es permitido tener una televisión, y sin embargo podría permitirle a otra persona el tener varias televisiones en su casa. La gracia es así. Su base es relacional. Eso no significa que no haya absolutos bajo la gracia, al contrario. Simplemente significa que bajo la gracia Dios nos da la capacidad para obedecer lo que manda.

Es interesante que, a lo largo de las Escrituras, Moisés sea asociado con la ley. Leemos: "la ley fue dada por medio de Moisés, pero la gracia y la verdad vinieron por medio de Jesucristo" (Juan 1:17). Como una señal profética de que la vida bajo la ley no era la intención de Dios para nosotros en el reino (la Tierra Prometida), Moisés, el mediador de este primer pacto, murió en el desierto con la primera generación de israelitas. Sin embargo, como individuo, fue una de las pocas personas en el Antiguo Testamento que entendió y respondió a la invitación divina de establecer una relación. Vemos esto en el resto del encuentro en el cual Israel demanda un mediador. Debido a que estaba más familiarizado con la voz de Dios y caminó bajo la gran revelación de lo que es Dios, su percepción de todos los fuegos artificiales divinos desplegados en la montaña era completamente diferente. Él dijo:

"No temáis, pues Dios vino para probaros, para que su temor esté ante vosotros y no pequéis. Mientras el pueblo se mantenía alejado, Moisés se acercó a la oscuridad en la cual estaba Dios".

—Éxodo 20:20

La palabra *temor* aparece dos veces en esta declaración. Moisés estaba señalando que existe un temor de Dios incorrecto y otro correcto. El primero nos lleva a escondernos de Dios, mientas que el segundo nos conduce a acercarnos a Él en pureza y reverencia. Los fuegos artificiales en la montaña mostraban que Moisés era el único que entendía y poseía un verdadero temor al Señor.

La intimidad única de Moisés con Dios es aun más evidente en una situación que se presentó más tarde entre él y sus hermanos. Aarón y María habían sido muy críticos con Moisés por causa de la mujer con la que escogió casarse. Dios no se molestó en defender la elección de Moisés. Simplemente les preguntó cómo se atrevían a criticar a uno de sus amigos, más específicamente su mejor amigo. Dios describió su relación con Moisés de esta manera:

"Luego dijo Jehová a Moisés, a Aarón y a María: 'Salid vosotros tres al tabernáculo de reunión'. Y salieron ellos tres. Entonces Jehová descendió en la columna de la nube y se puso a la puerta del tabernáculo. Llamó a Aarón y a María, y se acercaron ambos. Y Jehová les dijo: 'Oíd ahora mis palabras. Cuando haya entre vosotros un profeta de Jehová, me apareceré a él en visión, en sueños le hablaré. No así con mi siervo Moisés, que es fiel en toda mi casa. *Cara a cara hablaré con él*, claramente y no con enigmas, *y verá la apariencia de Jehová. ¿Por qué, pues, no tuvisteis temor de hablar contra mi siervo Moisés?*'".

—NÚMEROS 12:4-8, énfasis añadido

Dios tiene una manera particular para hablar a sus profetas. Pero no así con Moisés. Este fue llamado a la grandeza siendo niño y se le dio el favor que salvó su vida. Sin embargo, hizo mal uso de ese favor cuando mató al egipcio en sus esfuerzos por cumplir con la tarea de convertirse en el libertador de Israel.

El favor de Dios no bendice la promoción personal. Después de cuarenta años de atender ovejas, obtuvo favor cuando Dios vino a él en forma de zarza ardiente. Cuando Moisés abandonó su plan para acercarse a la zarza ardiente, Dios habló.

Su historia se expande rápidamente a partir de ese punto a medida que su relación con Dios sobrepasa a la de todos los profetas: Dios conoció a Moisés cara a cara. La gloria del rostro de Dios realmente descansó sobre la faz de Moisés hasta que el pueblo finalmente le pidió que se pusiera un velo sobre la cabeza: la gloria les asustaba. Moisés es el ejemplo supremo de lo que es usar el favor para aumentarlo a la vez. Se ganó un puesto de confianza que le dio acceso a lugares secretos con Dios, para usar y experimentar aquello a lo que otros no tenían acceso. Dios habló sinceramente a Moisés, no con dichos oscuros y misteriosos para los que hacía falta interpretación. No sólo eso, sino que también le permitió ver su forma, algo de lo que ni siquiera se había oído. Ahora, Aarón y María también disfrutaron del favor del Señor. Ellos tenían una función muy importante en la vida diaria de Israel, pero no ocupaban el mismo lugar favorecido de Moisés. Como hemos visto, es una realidad que Dios ama a todas las personas de la misma manera, pero no todas tienen el mismo favor. La búsqueda de Moisés de Dios le concedió un lugar delante del rostro divino que casi no tiene igual en la historia del Antiguo Testamento. La historia continúa diciéndonos que el hecho de que ellos no le dieran importancia a eso casi les cuesta la vida. Dios toma como algo personal cuando deshonramos a los que poseen su favor.

Hay muchos vigilantes autonombrados en el Cuerpo de Cristo que tienen que rendir explicaciones delante de Dios. Sus páginas web, libros y programas de radio están llenos de difamación y crítica hacia algunos de los amigos más cercanos de Dios. Ahora, puede que esos amigos de Dios no siempre tengan la mejor doctrina, y que sus formas puedan ofender a muchos. Puede que incluso haya áreas en sus vidas que necesiten ajustes serios y cambios. Pero son reconocidos en los cielos como aquellos que harán cualquier cosa que el Espíritu Santo les diga que hagan. Y las señales que se suponen sigan a aquellos que han creído, de hecho los siguen. Cuando las personan tienen que desdeñar las señales que siguen a la vida de alguien para sentirse justificados en la crítica que levantan en su contra, ignorantemente pasan a un estado de juicio delante de Dios: "No acuses al siervo ante su señor, no sea que te maldiga y lleves el castigo" (Proverbios 30:10).

No debemos olvidar a los amigos de nuestro Padre celestial:

"No dejes a tu amigo ni al amigo de tu padre, ni vayas a la casa de tu hermano en el día de tu aflicción: mejor es un vecino cerca que un hermano lejos".

—PROVERBIOS 27:10

Reconocer el favor de Dios en la vida de otro creyente desempeña un rol importante al prepararnos para el aumento del favor de Dios en nuestras propias vidas. Si veo el favor de Dios en alguien, soy responsable de honrar a quien lo merece. Y todo el que honra a quien Dios ha honrado, se coloca en posición de recibir un aumento del favor divino. Específicamente, cuando honramos a aquellos que poseen una revelación más profunda de Dios y una intimidad mayor con Él, nos ponemos en posición de recibir esa misma revelación: para ser guiados en una relación más profunda con Dios, a medida que caminamos sobre las pisadas de aquellos que nos llevan la delantera. Si vamos a desarrollar un corazón para conocer a Dios, debemos aprender a percibir la vida de sus amigos cercanos como ejemplo de lo que Dios ha puesto a nuestra disposición y seguir su liderazgo directamente hacia Él.

Considere la vida de Moisés como una invitación a una revelación más profunda de Dios y a ser aun más animado, porque él vivió en un tiempo en el cual el pecado todavía no había sido expiado. Jesús, el Hijo de Dios, aún no había venido en forma de hombre, ni muerto en nuestro lugar ni logrado nuestra redención. ¿Cuál es el significado básico de esto? Moisés experimentó esa relación de amistad tan asombrosa con Dios bajo un pacto inferior. Y es impropio esperar que una bendición superior pueda venir de un pacto inferior. La invitación permanece: "Para todo el que quiera venir".

Al principio de este capítulo, declaré que la raza humana ha sido invitada a la búsqueda suprema del rostro de Dios a través de la historia de Israel, aquellos que fueron marcados por la bendición de su rostro. Aun así, de todos los israelitas que salieron de Egipto, sólo uno abrazó esa búsqueda. Algo debe instarnos a descubrir qué poseía Moisés que le permitió entrar en la "gran oscuridad en la que Dios se encontraba". Después de todo, Moisés sabía mejor que los israelitas que su temor de morir en la presencia de Dios estaba lejos de ser infundado. Dios explícitamente le dijo: "No podrás ver mi rostro, ¡porque ningún hombre podrá verme y seguir viviendo!" (Éxodo 33:20). No hay duda alguna: ver a Dios en su plenitud mataría a cualquiera. No estamos preparados para soportar esa medida de gloria, santidad y poder. Aun así, aparentemente Moisés sintió que llegar a conocer más a ese Dios ameritaba arriesgarse hasta a morir. Y más tarde, el mismo Dios que dijo que cualquiera que viera su rostro moriría declaró que le habló a Moisés cara a cara. ¿Qué debemos pensar de eso? Es interesante ver que hay otros personajes en la Escritura que reconocieron que habían visto el rostro de Dios y se sorprendieron al ver que continuaban con vida. Ya mencioné a Jacob al principio del capítulo. Gedeón y Juan, el escritor de Apocalipsis, son dos ejemplos más:

"Al ver Gedeón que era el ángel de Jehová, dijo: Ah, Señor Jehová, he visto al ángel de Jehová *cara a cara*. Pero Jehová le dijo: La paz sea contigo. No tengas temor, *no morirás*".

—JUECES 6:22-23, énfasis añadido

"Yo, Juan… estaba en la isla llamada Patmos, por causa de la palabra de Dios y del testimonio de Jesucristo. Estando yo en el Espíritu en el día del Señor oí detrás de mí una gran voz, como de trompeta. Me volví para ver… Y vi… *a uno semejante al Hijo del hombre*, vestido de una ropa que llegaba hasta los pies, y tenía el pecho ceñido con un cinto de oro. Su cabeza y sus cabellos eran blancos como blanca lana, como nieve; sus ojos, como llama de fuego. Sus pies eran semejantes al bronce pulido, refulgente como en un horno, y su voz como el estruendo de muchas aguas. En su diestra tenía siete estrellas; de su boca salía una espada aguda de dos filos y *su rostro era como el sol cuando resplandece con toda su fuerza*. Cuando lo vi, caí a sus pies como muerto. Y él puso su diestra sobre mí, diciéndome: 'No temas. Yo soy el primero y el último, el que vive. Estuve muerto, pero vivo por los siglos de los siglos, amén. Y *tengo las llaves de la muerte* y del Hades".

—Apocalipsis 1:9-10, 12-18, énfasis añadido

Juan no murió, solamente se sintió "como muerto". Sin embargo, al salir de aquel encuentro ya no era el mismo. Él, al igual que toda persona que se encuentra con el rostro de Dios, "murió", en el sentido de que la persona que era antes de ese encuentro era diferente a la que salió.

El ver a Dios es costoso. Algo en nosotros muere. Pero lo que muere es sólo la parte que impide que lleguemos a ser más como Jesús. Es como cuando se le preguntó a cierto escultor qué iba a tallar en una pieza de piedra. Él artista respondió: "un elefante". Fascinado con sus habilidades, el observador le preguntó cómo es que podía tallar un elefante en esa piedra. El escultor respondió: "Es sencillo. Sólo tengo que sacar las partes que no se parecen a un elefante". Eso es exactamente lo que Dios hace en nosotros al ir creciendo en nuestra experiencia con Él. Dios saca (es decir, mata) las partes que no se parecen a Jesús. Y no hay camino más claro que un encuentro personal con Él.

Lo que está ciertamente claro para mí es que Moisés y aquellos que han tenido encuentros personales con Dios penetraron en rasgos de la verdad que no son accesibles para los que están satisfechos con la letra de la ley y con el conocimiento acerca de Dios. La Biblia puede parecer un libro confuso y aun contradictorio, porque nos cuenta las historias de estos dos tipos de personas: aquellos que escogieron una relación con Dios y los que escogieron la religión, como también las respuestas diferentes de parte de Dios a ambos. En estos ejemplos, vemos las historias de los que vieron a Dios y no murieron aunque la Biblia dice que habrían muerto. Dios incluye este tipo de paradojas en la Biblia de manera intencional porque sirven para dividir a los que tienen un corazón sensible a Dios de aquellos que simplemente quieren conocer acerca de Dios. Jesús enseñó por medio de parábolas por esa misma razón: para que solo aquellos que tenían un corazón para Dios pudieran llegar a entenderlas.

En efecto, la Biblia completa fue escrita con esta asunción: solo aquellos que tienen una relación personal con Dios podrán comprenderla verdaderamente. Para quienes están fuera de una relación con Dios, las cosas que solo pueden conocerse en el contexto de la intimidad con Dios parecen estar en conflicto. Aquellos que no comprenden esto viven asumiendo de manera arrogante que han encontrado debilidad e inconsistencia en las Escrituras. Aun así Dios ha usado su propia disponibilidad de parecer débil para exponer el orgullo y la independencia de la gente. Aquellos que ven el orgullo de su vida tienen la oportunidad de arrepentirse. Aquellos que no lo ven y que no se arrepienten, se endurecen hasta que una convulsión provoque un quebrantamiento.

Dios comúnmente decide guiarnos con más profundidad dentro de este conocimiento poniendo su favor en individuos que jamás tendríamos como candidatos ideales. Nuestro trabajo es aprender que ese es uno de sus caminos. Debemos ser humildes y aprender a reconocer el favor de Dios donde se encuentre. Como pastor, en ocasiones invito a predicadores que no lucen nada glamorosos, pero que tienen una unción tremenda. Lo hago para entrenar a mi congregación a fin de que pueda reconocer la unción y celebrar a la gente como es, y no por lo que no son. Las personas suelen querer tener una doctrina correcta, más que un razonamiento correcto. Comúnmente, esperan que corrija lo que ha dicho el predicador anterior cuando este ha enseñado en contra de lo que creemos. Eso es algo que estoy dispuesto a hacer sólo cuando se trata de una verdadera herejía. La palabra herejía se ha convertido en el término usado para describir a cualquiera que no esté de acuerdo con un líder en particular, pero eso no es así. Debemos tener más misericordia con aquellos que difieren de nosotros. Las doctrinas esenciales de la iglesia —el nacimiento virginal, la divinidad y la humanidad de Jesús, la expiación y cosas semejantes— califican en el grupo de aquello por lo que debemos luchar. Habiendo dicho esto, seguiré invitando a propósito predicadores a mi iglesia con quienes sé que estoy en desacuerdo teológico *si* son personas de gran unción e integridad. Eso hace que la gente se ponga nerviosa. Pero no tiene que ser algo necesariamente malo. La inseguridad es la *exposición de una seguridad incorrecta.*

Estamos dejando atrás el tiempo en que la gente se reunía alrededor de acuerdos doctrinales y formaba organizaciones a las que llamamos denominaciones.[6] En años recientes, el Espíritu de Dios ha estado trayendo un cambio. Las personas están cambiando correctamente sus prioridades empezando a reunirse alrededor de los padres. En el pasado, la iglesia buscaba tener seguridad en su doctrina a expensas de la seguridad profunda que sólo se encuentra en las relaciones piadosas.

Para poder tener un corazón que anhela conocer a Dios, debemos sacrificar nuestra necesidad de estar en lo correcto, de entender o de explicar las cosas. Debemos confiar lo suficiente en Dios como para dejarlo echar a un lado nuestro entendimiento estrecho y guiarnos a ámbitos más profundos de su verdad. Él permitió llevarnos línea por línea, precepto por precepto[7] y de "gloria en gloria" (2 Corintios 3:18). Él no nos sacó de Egipto para hacernos acampar en el desierto, sino para introducirnos en la Tierra Prometida de una vida que siempre aumenta en el conocimiento suyo.

Además, tenemos que reconocer que el arrepentimiento completo y la transformación solo pueden suceder por medio de un encuentro real con Dios, una experiencia real con su poder y su gracia. Moisés tenía una perspectiva divina porque se expuso al poder de Dios más que cualquier otro en Israel. A lo largo de toda la Escritura, Dios nos invita a experimentarlo a medida que leemos historias de su encuentro con santos del pasado. Dios nos invita a "probar y ver" que Él es bueno.

Aun así muchos seguidores de Jesucristo están satisfechos con la simple promesa de que irán al cielo en lugar de ver que su destino es presionar para tener un encuentro cara a cara con Dios y vivir en el correspondiente aumento de su favor. Se satisfacen con las promesas, no con su cumplimiento. Para algunas personas, eso podría verse como una fortaleza, pero realmente es algo que opera en contra de las promesas mismas de Dios, que nos fueron dadas tanto como para nuestra vida en la tierra como para el cielo. Es más, Dios nos dio sus promesas para que a medida que nos apropiemos de ellas, el cielo pudiera venir a la tierra. Lo diré una vez más: Sólo podemos vivir en el reino, nuestra Tierra Prometida, si estamos dispuestos a abrazar la aventura de experimentar a Dios como es.

También, lo reto a contar el costo y, al igual que Moisés, a entrar con valentía en la densa oscuridad en donde se encuentra Dios. No hay nada que tenga más valor en esta tierra que encontrar su presencia manifiesta y responder a la invitación a conocerle y ser conocido por Él. Es para eso que hemos sido creados, para lo cual fuimos salvados y lo único que podrá satisfacer los profundos anhelos de nuestro corazón.

su PRESENCIA MANIFIESTA

*U*na de las promesas más grandes de la Escritura es que el Espíritu Santo sería derramado sobre toda la humanidad en los últimos días. La forma en la que fue declarada en Joel 2:28 es la más recordada: "Después de esto derramaré mi espíritu sobre todo ser humano, y profetizarán vuestros hijos y vuestras hijas; vuestros ancianos soñarán sueños, y vuestros jóvenes verán visiones". Podemos reconocer esa promesa en otros lugares de la Escritura cuando prestamos atención a la imaginación de la profecía bíblica. La principal imagen asociada con el Espíritu Santo en los libros proféticos del Antiguo Testamento es el *agua*. Encontramos esta metáfora en versículos como Salmo 72:6: "Descenderá como la lluvia sobre la hierba cortada; como el rocío que destila sobre la tierra". Aparece de manera similar en Oseas 6:3: "Vendrá a nosotros como la lluvia, como la lluvia tardía y temprana viene a la tierra". Y el paralelismo es tal vez más evidente en Isaías 44:3: "Porque yo derramaré *aguas* sobre el sequedal, *ríos* sobre la tierra seca. Mi *Espíritu* derramaré sobre tu descendencia, y mi bendición sobre tus renuevos" (énfasis añadido).

En ocasiones, los profetas se referían a "ríos", "corrientes", "manantiales" o "fuentes". Otras veces, usaban términos como "lluvia" o "derramar". Pero lo más interesante al estudiar la imagen del agua en los libros proféticos de la Biblia, es el hecho de que pese al problema que el pueblo de Dios enfrentara, el agua parece ser la solución. En otras palabras, ya sea que estuviesen enfrentando un conflicto militar, el colapso moral o una sequía natural, la respuesta siempre fue la misma: Necesitaban al Espíritu Santo. El derramamiento del Espíritu es la cura para todos los males, de acuerdo a la Biblia. No significa eso que no haya cosas que debamos hacer en lo natural, sino que siempre terminamos necesitando más de Él que de cualquier otra cosa. Y Él viene como la lluvia: ¡en aguaceros divinos!

LOS ÚLTIMOS DÍAS

En el día de Pentecostés, Pedro declaró que la promesa de Joel 2 se había cumplido.[1] Los impresionantes acontecimientos de esa mañana eran parte de un derramamiento del Espíritu Santo. Aun así, ese día marcaba sólo el comienzo del cumplimiento de esa promesa: El Espíritu fue derramado ese día, pero habrá otro día en el que el Espíritu se derramará verdaderamente sobre *toda carne*. Este es un cumplimiento de la promesa del Espíritu siendo derramado como lluvia temprana y como lluvia tardía. La lluvia temprana ocurrió en el primer siglo, la tardía está ocurriendo ahora.

Este cumplimiento final de la profecía de Joel tendrá lugar a medida que la iglesia entre en su hora más impactante mundialmente. La tragedia ocurre cuando la iglesia repasa las grandes hazañas de su historia y asume que nuestra hora ideal está en el pasado. Esa lectura incorrecta de la historia se deriva de una mala interpretación de la naturaleza de Dios. Él siempre guarda lo mejor para el final, tanto es así que aun Jesús guardó el mejor vino para el final de la celebración de las bodas.[2] Y cuando Dios restaura aquello que ha sido destruido o quebrantado, lo restaura a un estado mejor que el anterior. Por ejemplo, Job perdió todo cuando el diablo asaltó su vida; pero cuando Dios lo restauró, se le dio dos veces lo que había perdido. Esa es la manera de Dios. Esperar de Él algo menos que eso para los últimos días es —en el mejor de los casos— pura ignorancia, y, en el peor, incredulidad.

La iglesia ha sido destinada por Dios para cumplir, en los últimos días, una tarea en particular, y la promesa del derramamiento del Espíritu está directamente relacionada a esa tarea. Hemos sido comisionados para hacer lo que Jesús hizo y enseñar lo que enseñó, para así estar capacitados a fin de cumplir con la tarea de discipular las naciones. El derramamiento del Espíritu Santo se da para ungir a la iglesia con la misma unción de Cristo que estuvo sobre Él durante su ministerio, para que así podamos ser imitadores suyos. Sólo cuando Jesucristo, que es llamado el Deseado de las naciones, realmente viva por medio de su pueblo, podremos llegar a ser eficaces en su mandato de discipular las naciones.[3]

Es el deseo de Dios para su pueblo el que este verdaderamente represente los aspectos de su naturaleza que las naciones ansían conocer. Dios debe ser expresado por medio de nosotros. Él nos ha establecido para tener éxito como representantes de Cristo al darnos la promesa de su Espíritu, que vendrá sobre nosotros con poder. Pedro expresó esto de manera maravillosa cuando dijo que "nos ha dado preciosas y grandísimas promesas, para que por ellas [lleguemos] a ser participantes de la naturaleza divina" (2 Pedro 1:4).

Antes de observar qué es el derramamiento del Espíritu, quisiera clarificar cómo se diferencia de la presencia del Espíritu que habita en la vida del creyente. La Escritura nos enseña que todo creyente recibe al Espíritu Santo como el sello y señal de nuestra herencia total, que es Dios mismo.[4] Somos herederos de Dios y tenemos el precioso privilegio y el gozo de ser morada de Él. La presencia del Espíritu Santo habitando en nosotros, ocurre en nuestra conversión, cuando el Espíritu de resurrección vuelve nuestros espíritus a la vida, de la misma manera en que Dios respiró su aliento de vida en las fosas nasales de Adán —en el huerto— y se convirtió en un ser vivo. En la vida de los discípulos de Cristo, vemos que esto ocurre en Juan 20:22, cuando Jesús se reunió con ellos, "sopló y les dijo: 'Recibid el Espíritu Santo'". Sin embargo, en su ascensión, Jesús le dijo a este mismo grupo de personas que el Espíritu Santo vendría sobre ellos. El Espíritu Santo ya estaba en ellos, pero iba a venir ahora con poder para así convertirlos en testigos.

> *El derramamiento del Espíritu es la cura para todos los males, de acuerdo a la Biblia.*

Como lo sugiere la palabra *derramamiento*, esa promesa se cumple cuando el Espíritu de Dios viene sobre su pueblo como lluvia. En ese momento, Dios permea todo lo que somos por medio de un diluvio de sí mismo. Esta invasión celestial de Dios en nuestra vida es la primera respuesta de Dios a la oración que Jesús nos enseñó: "Venga tu reino. Hágase tu voluntad, como en el cielo, así también en la tierra" (Mateo 6:10). Pablo nos enseñó que "el reino de Dios... es justicia, paz y gozo en el Espíritu Santo" (Romanos 14:17). Eso quiere decir que el Reino de Dios está en el Espíritu Santo. Cuando el Espíritu es derramado en nosotros, el imperio del Rey se manifiesta en nuestra vida. El reino crea primero el cielo en la "tierra" de nuestra vida, dándonos la habilidad de madurar para llegar a ser colaboradores del cielo, para así traer transformación a la tierra que nos rodea. Entonces, el derramamiento del Espíritu tiene que ver directamente con el destino de Dios con la humanidad. El propósito por el cual Cristo alcanzó la salvación para la humanidad fue precisamente eso, ponernos en buena relación con Dios para que Él pueda hallar posada dentro de nosotros, para crear así un pueblo capaz de colaborar con Él para traer el cielo a la tierra.

Como lo vemos en primera instancia en los acontecimientos de Hechos 2, el derramamiento del Espíritu está intrínsicamente ligado al bautismo en el Espíritu Santo. Esta experiencia ha sido motivo de debate por décadas. Aunque no lo hubo cuando le fue dado a la iglesia hace dos mil años. Era tan esencial para la vida del creyente, que Jesús les advirtió a sus discípulos que no dejaran Jerusalén antes de recibirlo. Lo que es aun más importante de notar es que algún tiempo después de esa experiencia inicial, vemos a los discípulos obteniendo otro nivel de ese mismo derramamiento en Hechos 4:30. Si el bautismo del Espíritu fue prometido para los últimos días, y si fue la clave del éxito de los discípulos cuando empezaron a obedecer el mandamiento de Cristo de discipular las naciones, entonces parece estar claro que es la clave para todo creyente y para toda generación en los últimos de los postreros días. Como iglesia, debemos continuar con esa tarea hasta que haya sido cumplida.

El mejor fundamento sobre el cual pararse a la hora de considerar el bautismo del Espíritu son las Escrituras. Gran parte de la confusión y del debate acerca de este asunto se deriva de las evaluaciones de la gente que se basa en su propia experiencia, o en la falta de ella, en vez de invitar al Espíritu Santo para que alinee ese nivel de experiencia con lo que Él ya ha declarado. Aquellos que de manera intencional ignoran los elementos de la Escritura que están fuera de su experiencia, delatan una falta de confianza en el Dios que la escribió. Y puesto que la fe es esencial para complacer a Dios y para conocerle, aquellos que resisten esas experiencias y enseñan a otros a hacer lo mismo, rara vez tienen encuentros profundos con Dios y con los correspondientes que deberían tener lugar en sus vidas. En efecto, aquellos que, por causa de su temor o incredulidad, están satisfechos con su falta de experiencia se esfuerzan por justificar su postura oponiéndose a los que enseñan y persiguen los encuentros con Dios. Un examen sencillo de las Escrituras y de la vida de esos que enseñan y experimentan el bautismo del Espíritu proveerá evidencia sobreabundante de que esta promesa del Padre ha sido dada "para vosotros, para vuestros hijos, y para todos los que están lejos; para cuantos el Señor nuestro Dios llame" (Hechos 2:39). Todos los que han sido llamados a la salvación están en línea para recibir esta promesa del bautismo del Espíritu Santo.

El Reino de Dios está en el Espíritu Santo. Cuando Él es derramado en nosotros, el imperio del Rey se manifiesta en nuestra vida.

Crecí bajo la enseñanza de que hablar en lenguas es la evidencia inicial del bautismo del Espíritu Santo. Ese no es un punto por el que iría a la guerra, aunque puedo llegar lejos al afirmar que ese don de orar en lenguas es para todo creyente que recibe este bautismo.

Como dijo el apóstol Pablo, "no impidáis el hablar en lenguas" (1 Corintios 14:39). En lo particular, pienso que el bautismo en sí mismo y su propósito son infinitamente más importantes que la cuestión de cuál es o no la evidencia inicial de esa experiencia. Este encuentro profundo con Dios nos es dado para que podamos ser llenos de su poder y estar capacitados para demostrar de forma auténtica la vida de Jesús ante este mundo.

Por desdicha, muchos pueden orar en lenguas y sin embargo tener muy poco poder en sus vidas. Su ejemplo ha lastimado a aquellos que están buscando la evidencia de que continúa siendo una promesa del Señor para nosotros hoy. En algún momento de la carrera, cayeron en la mentira de que una vez que pudieran orar en lenguas tendrían todo lo que se les ha prometido. Tal respuesta es semejante al pueblo de Israel que cruzó el río hacia la Tierra Prometida, acampando en las cercanías del Jordán, pero que nunca llegó a tomar posesión de la tierra que en realidad se había prometido. Aunque el don de lenguas es uno de los dones en los que me deleito cada día de mi vida, debe haber mucho más en esa experiencia suprema que el recibir una herramienta para la edificación personal. Ese es el propósito de ese don. Todos los demás dones deben ser usados para ser capaces de representar a Jesús con poder ante el mundo y para afectar el curso de la historia. Y allí aparece entre líneas el propósito para tal bautismo: ¡poder!

La última provisión de Dios para el creyente con el derramamiento del Espíritu es para que lleguemos a estar "llenos de toda la plenitud de Dios" (Efesios 3:19). Para el apóstol Pablo, era tan obvio el hecho de que debíamos ser llenos del Espíritu Santo que, en efecto, lo ordenó.[5] Una cosa es acostumbrarse a la idea de que Dios quiere vivir en nosotros. Otra muy diferente es entender que desea llenarnos con su plenitud. No puedo comprender tremenda promesa. Pero sé que su propósito al llenarnos es desbordarse por medio de nosotros en el mundo que nos rodea. Un vaso de agua no está realmente lleno hasta que se desborda. Asimismo, la llenura del Espíritu Santo en nuestra vida se mide por el desbordamiento del Espíritu a través de nosotros, para tocar el mundo que nos rodea.

¿Por qué poder?

Estaría equivocado si dijera que todo lo que experimentamos es para beneficio de otros. Eso, sencillamente, no es cierto. Hay personas que piensan que Dios les sanará para que un familiar o un amigo se conviertan. Por supuesto, un gran beneficio adicional de un milagro es que otros sean conmovidos por la bondad de Dios. Pero eso distorsiona el asunto.

Dios se deleita en nosotros y nos baña con sus bendiciones por el simple hecho de que le pertenecemos. Se deleita en nosotros y nos da acceso a sus dominios simplemente porque quiere darnos placer. Sin embargo, hay un principio implícito en este reino: y es que es prácticamente imposible experimentar más de Dios y guardarlo sólo para nosotros. Como lo dijeron Pedro y Juan: *"No podemos* dejar de decir lo que hemos visto y oído" (Hechos 4:20, énfasis añadido). Esta es la naturaleza de una vida con Dios: dar es lo más natural que se puede hacer.

El Reino de Dios nunca debe ser reducido a palabras, ideas y principios. El Reino de Dios es poder.[6] Se ha concedido poder ilimitado a aquellos que se encuentran con Dios una y otra vez. Cada encuentro opera más profundamente en nuestros corazones, trayendo consigo la transformación que necesitamos para que se nos pueda confiar más de Él. Mientras más profunda sea la obra del Espíritu dentro de nosotros, más lo será la manifestación del fluir de su Espíritu por medio nuestro. Ese es, en esencia, el propósito tras la promesa que encontramos en Efesios 3:20: "Y a Aquel que es poderoso para hacer todas las cosas mucho más abundantemente de lo que pedimos o entendemos, *según el poder que actúa en nosotros*" (énfasis añadido).

Note que lo que ocurre alrededor de nosotros *está de acuerdo* con lo que pasa dentro de nosotros. Este calificador suele ser muy comúnmente pasado por alto. Este poder nos capacita para presentarle a Jesús a otros de tal manera que supla toda

Un vaso de agua no está realmente lleno hasta que se desborda. Asimismo, la llenura del Espíritu en nuestra vida se mide por el desbordamiento del Espíritu por medio de nosotros para tocar al mundo que nos rodea.

necesidad humana. Este estilo de vida prospera en medio de lo imposible. Nuestro deleite es ver cómo las imposibilidades de la vida doblan rodilla ante el nombre de Jesús una y otra vez. Aquellos que se encuentran con Él en este nivel, están mucho más dispuestos a correr riesgos que permitan que los milagros puedan suceder. La ausencia de lo sobrenatural es intolerable. Cuando consideramos la asombrosa provisión del Señor a aquellos que lo rinden todo, la falta de poder se convierte en algo inexcusable.

Este propósito fue anunciado por el salmista: Dios tenga misericordia de nosotros y nos bendiga; *haga resplandecer su rostro sobre nosotros,* para que sea conocido en la tierra tu camino, *en todas las naciones tu salvación*" (Salmo 67:1-2, énfasis añadido). Una vez más encontramos una conexión profunda que no debe ser ignorada entre el resplandor del rostro de Dios sobre su pueblo y la salvación de las almas en las naciones. Hay una conexión entre estas dos cosas que no debe ser ignorada. Muchos se resisten a la bendición del Señor porque no quieren ser egoístas. Aun así es su bendición sobre su pueblo lo que se supone debe tornar el corazón de los inconversos para que puedan descubrir la bondad de Dios.

La promesa suprema

Dios nos dio una promesa que combina dos de las más grandes experiencias del creyente contenidas en toda la Biblia: el derramamiento del Espíritu Santo y el encuentro cara a cara con Él. Como veremos, en esencia estas dos cosas son una sola. Dios lo dijo de esta manera: "No esconderé más de ellos mi rostro; porque habré derramado de mi Espíritu sobre la casa de Israel', dice Jehová, el Señor" (Ezequiel 39:29). En esta declaración, esta extraordinaria *promesa* está ligada a la consumación de la *búsqueda* final.

Estas son noticias impactantes: ¡El rostro de Dios se revela en el derramamiento del Espíritu Santo! Cuando el Espíritu Santo llega con poder para transformar vidas, iglesias, ciudades, el rostro de Dios está al alcance. Su rostro expresa el deseo mismo de lo que Él es y a qué se parece.

Pero no todos pueden reconocer el rostro de Dios en el derramamiento de su Espíritu. Cuando llega la lluvia del Espíritu, la mayoría de la gente se queda fija en los efectos de la tormenta y pierde de vista a Aquel que se revela en la nube. El gozo extremo, el llanto, el temor y el temblor, las visiones, los sueños, las sanidades, las liberaciones y las manifestaciones de los dones del Espíritu, incluyendo las lenguas y la profecía, todo eso son revelaciones de su rostro. Algunas personas aman esas manifestaciones, aunque otras las rechazan. Pero lo más importante que debemos comprender es que

> *El rostro de Dios se revela en el derramamiento del Espíritu.*

nuestra respuesta al movimiento del Espíritu no es a las manifestaciones. Es una respuesta al rostro de Dios. Rechazar el mover del Espíritu de Dios es rechazar su rostro.

MOISÉS VIO LO QUE OTROS NO PUDIERON

El grado en que percibimos el rostro de Dios a través de las manifestaciones de su presencia está sumamente determinado por lo que hay en nuestro corazón. Como ya exploramos en el capítulo anterior, había un gran contraste entre la forma en la que Moisés y el pueblo de Israel experimentaron a Dios. El deseo de Moisés por conocer a Dios le dio acceso a una revelación que el pueblo de Israel nunca percibió. A Moisés se le permitió ver la figura de Dios, pero no a Israel. Además, el Salmo 103:7 declara que Moisés conoció los caminos de Dios y que Israel conoció sus hechos.

Los caminos de Dios se descubren por medio de los hechos divinos, pero solo pueden ser reconocidos por aquellos que están hambrientos de Él. Por ejemplo, cuando vemos una muestra de la provisión de Dios, es mayor que sí misma. En este caso, la señal de la provisión apunta a Dios, el proveedor. Tomar tiempo para reconocer hacia dónde nos apunta una señal no es complicado.

Sin embargo, nuestro sistema de valores, que nace de los afectos de nuestro corazón, determina si estaremos dispuestos o no a tomar ese tiempo. Si nuestro sistema de valores da más importancia a lo que Dios hace que a lo que Él es —si estamos más religiosamente motivados que relacionalmente— no seremos atraídos a reconocer la gran revelación que se esconde tras los hechos de Dios. La triste realidad es que algunos se satisfacen con lo que Dios puede hacer y les preocupa muy poco lo que es. Esa preferencia tiene un costo a largo plazo. Muchos han perdido el propósito por el cual fueron creados al poner su mirada en los hechos de Dios, y al fallar en entrar en la influencia del rostro de Dios; nuestra búsqueda suprema y nuestro destino definitivo.

Debemos pagar un precio para ver con más claridad. Toda la vida de Moisés le preparó para ver a Dios. Su éxito como líder de Israel dependía por completo de su habilidad, momento a momento, de percibir y de seguir la presencia y la voz del Señor. Aunque en cierto momento Dios le dio la oportunidad de ser el líder exitoso de Israel en una forma diferente. Le ofreció asignar un ángel para que introdujera al pueblo en la Tierra Prometida. El ángel podía haberse asegurado que Moisés tuviera éxito, como Dios lo prometió.[7] Sin embargo, Moisés únicamente estaba hambriento de Dios, no sólo por lo que Dios pudiera hacer para que tuviera éxito. Moisés insistió en seguir la presencia de Dios mismo, al decir: "Si tu presencia no ha de acompañarnos, no nos saques de aquí" (Éxodo 33:15).

Moisés fue el gran líder que era porque no estaba enfocado en el éxito personal, sino en el Dios que se puede conocer. Moisés prefería un desierto *con Dios* que una Tierra Prometida *sin Él*, una decisión noble, de seguro. Muchos en nuestras filas han fallado en esa prueba. Han preferido la gratificación y la satisfacción de sus sueños a los dominios de Dios que parecen ser tan costosos. Escogen lo inferior perdiendo así las realidades celestiales que tuvieron a la mano, pero que les eran invisibles. Los dominios celestiales están a nuestra disposición en esta vida. No están reservados sólo para la eternidad.

Ahora, Israel tuvo también muchas oportunidades de seguir y encontrar la presencia manifiesta de Dios como Moisés. Su vida entera estaba construida alrededor del tabernáculo, que estaba ubicado en medio del campamento de Israel. La presencia de Dios se manifestaba ante ellos de día y de noche. Imperantemente, Dios se manifestaba a ellos de acuerdo a su ambiente, de noche en una columna de fuego y en el día en una nube. En el pasaje a continuación, vemos cómo Dios también les habló cara a cara. Sin embargo, los hijos de Israel no reconocieron el día de su manifestación:

> "Guardad, pues, mucho vuestras almas, *pues ninguna figura visteis* el día que Jehová habló con vosotros de en medio del fuego, *para que no os corrompáis y hagáis para vosotros escultura*, imagen de figura alguna".
>
> —DEUTERONOMIO 4:15-16, énfasis añadido

> "*Cara a cara habló Jehová con vosotros* en el monte, de en medio del fuego".
>
> —DEUTERONOMIO 5:4, énfasis añadido

> "Estas palabras las pronunció Jehová con potente voz ante toda vuestra congregación, en el monte, *de en medio del fuego, la nube* y la oscuridad".
>
> —DEUTERONOMIO 5:22, énfasis añadido

Dios les habló cara a cara desde la nube. En otras palabras, había una revelación de su rostro en la nube. Pero no estuvo dispuesto a mostrarle a Israel ninguna forma debido a su inclinación a la idolatría que les hubiera llevado a crear una imagen para representar su figura. Hoy caemos en las mismas trampas cuando queremos crear fórmulas para representar revelaciones del reino. La gente está comúnmente tentada a buscar atajos que le permitan disfrutar de los beneficios del reino, mas el fruto de eso son ismaeles en vez de isaacs, imitaciones de lo real. De cualquier forma, como ya mencioné, Dios sí le permitió a Moisés ver su forma. Él podía confiarle a Moisés ese nivel de revelación porque su corazón había sido probado. En su misericordia, Dios nos da el nivel de revelación que nuestro carácter está preparado para tratar. Al mismo tiempo, continúa revelándose a sí mismo para exponer nuestro carácter e invitarnos a conocer más de Él. Vemos esto en el fascinante encuentro que a continuación nos ofrece Juan 12:

"Ahora está turbada mi alma, ¿y qué diré? ¿Padre, sálvame de esta hora? Pero para esto he llegado a esta hora. Padre, glorifica tu nombre". Entonces vino una voz del cielo: "Lo he glorificado, y lo glorificaré otra vez". Y la multitud que estaba allí y había oído la voz, decía que había sido un trueno. Otros decían: "Un ángel le ha hablado". Respondió Jesús y dijo: "No ha venido esta voz por causa mía, sino por causa de vosotros".

—JUAN 12; 27-30

Este encuentro revela la primera respuesta de la gente a la presencia manifiesta y a la voz de Dios. Algunos que escucharon aquella voz pensaron que era un trueno. En otras palabras, clasificaron la experiencia como un fenómeno natural. Otros creyeron que un ángel le había hablado a Jesús. Esas personas reconocieron que algo espiritual o sobrenatural estaba sucediendo, pero no creían que era para ellas. Jesús, por otra parte, escuchó la voz claramente y supo que *era* para ellos. Él tenía el corazón del Padre, lo cual lo capacitaba, no sólo para percibir la voz de su Padre, sino también para reconocer el propósito tras ella: comunicar su deseo a su pueblo. El padre habló para dar a conocer algo a todo aquel que pudiera escuchar. Pero al hacerlo, dejó expuesto el nivel real de percepción que todos los que se encontraban en el lugar poseían.

Todos pueden percibirlo

Por medio de Cristo, Dios hizo posible que toda persona viera el Reino. Nuestra experiencia de conversión nos da acceso a ese dominio, como le explicó Jesús a Nicodemo: "De cierto, de cierto te digo que el que no nace de nuevo no puede ver el reino de Dios" (Juan 3:3). De cualquier modo, es nuestra responsabilidad desarrollar esa capacidad, adiestrar nuestros sentidos para que puedan percibir a Dios por medio de la renovación de nuestra mente y alimentar los afectos de nuestro corazón con la verdad. De otra manera, no tendremos un paradigma interno que nos mantenga en sintonía con ella en medio de las actitudes culturales que prevalecen a nuestro alrededor.

En el mundo occidental, esto representa un desafío, porque vivimos en una cultura que ha abrazado una cosmovisión que es en su totalidad prácticamente materialista. Esta cosmovisión desecha nuestra realidad espiritual y le da al ámbito material y físico la definición de realidad. Cuando un materialista se enfrenta a las cosas espirituales, no tiene una caja en donde ponerlas.

O se ve obligado a ignorarlas por completo o a explicarlas por medios naturales, como aquellos que dijeron que la voz de Dios era simplemente un trueno. Por desdicha, este paradigma es el que influencia a muchos creyentes, dejando inválida su habilidad de percibir y entender la verdad acerca de las Escrituras y las dimensiones espirituales de nuestra vida, y mucho menos los encuentros sobrenaturales con Dios.

El conflicto entre la cosmovisión materialista y la bíblica puede apreciarse en la incapacidad o el rechazo de algunos doctores occidentales para reconocer que sus pacientes pueden haber sido sanados por un milagro de Dios. Sabemos de mucha gente que han ido a sus doctores después de haber sido sanados para someterse a un examen que muestre que ya no se encuentran en la misma condición. A pesar de que esos doctores conocían mejor que nadie la condición en la que la persona se encontraba y de que ellos mismos administraron el examen, comúnmente escuchamos que muchos de ellos insisten en que el problema se encuentra en remisión, o está oculto, en lugar de reconocer que la persona fue sanada. Piensan de esa manera porque es imposible que el SIDA o la hepatitis C simplemente desaparezcan, más bien debe ser que se están escondiendo. En su campo, eso es ser realista. Pero su realismo ignora una realidad superior: la realidad del Reino de Dios.

Existen personas que no han presentado evidencia de la enfermedad por muchos años cuyos archivos médicos todavía declaran que la tienen, simplemente porque el doctor no está dispuesto o es incapaz de reconocer que la persona ha sido milagrosamente sanada. Sin ese elemento en su pensamiento, constantemente estarán luchando en contra del reconocimiento de que Dios actúa a favor de la humanidad. Gracias a Dios hay un número creciente de doctores que no sólo reconocen los milagros, sino que también de manera personal oran por sus pacientes para que puedan experimentar el que tanto necesitan.

Uno de nuestros propios doctores de la Iglesia Bethel estaba trabajando con otro médico y con varias enfermeras, con un paciente que se encontraba en una crisis. Cuando el paciente empezó a manifestar un demonio, los otros no sabían que hacer. Nuestro doctor se inclinó hacia la persona y silenciosamente ató al demonio y le ordenó irse. El demonio lo hizo y la persona en la camilla se quedó llena de paz. Las demás personas en la habitación se quedaron pasmadas ante la manifestación del demonio y la facilidad con la que el nombre de Jesús resolvió el problema. Ahora saben que existe un mundo espiritual y saben a quién llamar cuando los demonios se manifiestan. También saben que hay otra influencia en la vida de las personas además del cuerpo físico y del alma (mente, voluntad y emociones).

Lo que debemos entender de manera suprema es que cada vez que somos expuestos a lo milagroso —los hechos divinos— somos responsables. Es decir, el poder demanda de nosotros una respuesta. Y nuestras respuestas, ya sean de fe o de incredulidad, dan forma a lo que somos. La incredulidad nos endurece con Dios, mientras que la fe nos hace estar más vivos para Él, más capaces de reconocerle y percibirle.

CÓMO POSICIONARNOS
PARA UN ENCUENTRO

La conclusión de Jacob en su primer encuentro con Dios es admirable. Después de despertar de un sueño en el cual había visto una escalera que unía a la tierra con el cielo, con ángeles que subían y bajaban de ella, dijo: "Ciertamente Jehová está en este lugar, y yo no lo sabía" (Génesis 28:16).

¡Es posible estar al lado de Dios y no saberlo! Comúnmente, veo esta verdad desplegada en la vida. Nunca deja de sorprenderme que en una misma reunión una persona pueda estar experimentando un toque poderoso de parte del Señor, y a la vez la que está junto a ella se está preguntando cuándo se acabará el culto para poder irse a almorzar.

Hay dos cosas que debemos aprender de esto. Lo primero es que es posible ponernos a nosotros mismos en la posición de un encuentro con Dios aprendiendo a reconocer las señales de su presencia, no sólo como la experimentamos, sino también como otros la experimentan. Mi perro de caza está adiestrado para "honrar el punto" de los otros perros con los que está cazando. Eso quiere decir que "apunta", aun cuando no haya percibido todavía el aroma de su presa. Él asume la misma postura para darme la señal de que ha encontrado algo. Adopta la misma postura que los otros perros. Como resultado, al fin logra percibir el mismo olor que los otros. Del mismo modo, cuando reconocemos que otros a nuestro alrededor se están conectando con la presencia de Dios, aun cuando nosotros mismos todavía no estemos conscientes de Él, nos disponemos a estar alertas al reconocimiento de su presencia, basándonos en la experiencia de los demás.

Los discípulos aprendieron una lección desafiante en Marcos 16:14 con respecto a eso. Jesús les reprochó porque "no habían creído a los que lo habían visto resucitado". Aprender a creer en Dios a través de la experiencia de otra persona es una de las lecciones más difíciles y, sin embargo, una de las más importantes de la vida. Debido a que el Espíritu Santo vive dentro de nosotros, se nos requiere que reconozcamos cuándo alguien nos está diciendo la verdad aunque no entendamos.

La segunda cosa que debemos entender es que cuando Dios levanta el velo de nuestros sentidos para que podamos percibir lo que está ocurriendo en el ámbito espiritual, no somos espectadores que se han tropezado con algo que no tiene nada que ver con nosotros. Dios se está comunicando con nosotros al permitirnos ver lo que Él ve para así invitarnos a conocerlo y a participar con Él en lo que está haciendo.

Es un error pensar que sólo ciertas personas con dones únicos pueden escuchar o ver a Dios. Si creo que esto es sólo para otras personas, me estoy descalificando, pues reconozco que no soy nada especial. Al hacer esto, estoy renunciando a una fe activa. Uno de los gestos esenciales de la fe es creer con la expectativa de que el Dios que dijo que sus ovejas oyen su voz y que entregó su vida para restaurar una relación con cada uno de nosotros, quiere comunicarse con nosotros. Esa fe nos conduce a inclinarnos hacia su voz, a aprender a decir como el profeta Samuel: "Habla Señor, que tu siervo oye". Es significativo ver que tan pronto aprendió a tener esta postura, obtuvo acceso a la gran revelación a la que Dios lo estaba invitando.

ÉL ESTÁ BUSCANDO A AQUELLOS EN QUIENES PUEDE CONFIAR

Dios ha combinado la búsqueda suprema con la promesa del derramamiento del Espíritu porque desea revestir con la misma unción que estuvo sobre su Hijo, a aquellos que tienen el mismo anhelo que Jesús tuvo por el rostro de Dios. Solamente a aquellos con su sensibilidad les puede confiar el uso de su poder para lograr su propósito: representarse a sí mismo en toda su gloria y su bondad. Este es nuestro desafío y nuestro destino.

CAPÍTULO V

CRISTO: EL ROSTRO DE DIOS

$\mathcal{A}$hora quiero que pongamos nuestra atención en Jesús, pero antes observemos a su precursor, un profeta llamado Juan el Bautista. Jesús dijo acerca de él: "De cierto os digo que entre los que nacen de mujer *¡no se ha levantado otro mayor que Juan el Bautista!*; y, sin embargo, el más pequeño en el reino de los cielos es mayor que él" (Mateo 11:11, énfasis añadido). Otros en la Escritura tuvieron experiencias más dramáticas con Dios. Aun otros hicieron mayores hazañas en contra de las enfermedades, las tormentas y la muerte misma. Algunos hicieron caer fuego del cielo, otros pusieron punto final a la hambruna, y al menos uno de ellos le habló a huesos secos que en un momento se convirtieron en un ejército viviente. Aun otros establecieron y depusieron reyes, dirigieron ejércitos e incluso hicieron declaraciones que cambiaron el curso de la historia. Sin embargo, Juan llamó la atención de los cielos como ningún otro profeta. Y llegó a ser conocido como el más grande nacido de mujer.

¿Qué era lo diferente en cuanto a la vida de Juan y su ministerio profético? Considerando en primera instancia que el Evangelio de Marcos describe de manera especial su ministerio como el cumplimiento de la profecía de Isaías:

"*Yo envío mi mensajero delante de tu faz*, el cual preparará tu camino delante de ti. Voz del que clama en el desierto: Preparad el camino del Señor. ¡Enderezad sus sendas!"

—MARCOS 1:2-3, énfasis añadido

Juan vivía ante el rostro de Dios: un lugar supremo de gracia y responsabilidad. Él tuvo una gracia inusual por reconocer la presencia de Dios, aun antes de que hubiese nacido. Cuando María estaba embarazada de Jesús, entró a una habitación a visitar a Elizabeth, que estaba embarazada de Juan. Cuando el saludo de María llegó a los oídos de Elizabeth, Juan saltó de gozo estando aún en el vientre.[1] Increíble, Juan era aún lo que nuestra cultura denomina un feto (para acallar la conciencia de los que aprueban el aborto). Y ese niño aún no nacido pudo reconocer la presencia de Dios. Aun más significativa fue la habilidad de Juan para reconocer la conexión que la presencia de Cristo tenía con su tarea y su destino en la tierra. Esa realidad produjo en él una gran celebración, aún cuando todavía no había nacido. Un gran gozo está disponible todavía para todo el que se conecte con su propósito eterno.

El Evangelio de Lucas registra los primeros años de la vida de Juan por varias razones. No solamente nos muestra que Juan estaba en sintonía con la presencia de Dios aun desde el vientre, indicando así el potencial para el cual maduraría en su ministerio, sino que también establece el punto de que esta capacidad debía ser protegida. Zacarías no creyó las palabras del ángel que Dios le envió con el mensaje del nacimiento de Juan. Por eso, Dios lo enmudeció todo el tiempo del embarazo de Elizabeth. Su lengua se soltó sólo después de que respondió en obediencia al mandato del Señor de ponerle por nombre al niño Juan.[2] Esto es muy importante. Pues "la vida y la muerte están en poder de la lengua" (Proverbios 18:21). De haber permanecido en su estado de incredulidad, Zacarías pudo haber matado con sus palabras el propósito mismo de Dios en la promesa que le fue dada. Más tarde, sus palabras habladas conforme a la voluntad de Dios fueron la clave para liberar a Juan y su destino. Juan también fue protegido por Elizabeth, que encubrió su embarazo hasta cinco meses después de la concepción. En otras palabras, sólo cuando su embarazo se hizo evidente, lo publicó. La implicación es que el que Juan fuese expuesto a palabras descuidadas por parte de otros pudieron haber afectado lo que Dios quería hacer.

Muchos pueden argumentar que los propósitos de Dios se cumplirán a pesar de lo que otros puedan decir. Es posible. Pero, entonces, ¿por qué Dios desea que conozcamos el efecto de nuestras palabras si en realidad no tienen alguno? Los cinco meses en secreto pudieron haber sido suficientes para que ella se fortaleciera en su fe para contrarrestar las *bien intencionadas maldiciones* que la gente podría formular, cosas como: "Oh, ¿no estás un poquito vieja como para tener un bebé? ¿No crees que hay muchas probabilidades de que ese niño nazca con deformidades o con retardo?". Estando escondida, tuvo tiempo de afirmarse en su llamado y aprender cómo impedir que las palabras descuidadas de otros la afectaran. Sólo con fe y confianza con respecto a su llamado podía Elizabeth fortalecerse para resguardar la unción de su hijo aún no nacido.

Tal vez la mayor razón para ocultarse por cinco meses implicaba una responsabilidad aun mayor, la de proteger a Juan de las palabras de los demás. En nuestra cultura occidental es muy raro escuchar a alguien hablar del efecto de las palabras sobre un niño aún no nacido. Sin embargo, le recuerdo, fue el *saludo* de María, la madre de Jesús, la causa del regocijo de Juan. Las palabras le produjeron gozo al niño no nacido. ¿Las entendía él? No, lo dudo mucho. Pero los niños tienen un discernimiento impresionante que —a menos que sus padres comprendan la forma en la que el mundo espiritual opera y hayan aprendido a resguardar la unción de su hijo y su don—, tiende a deteriorarse a lo largo de la vida hasta que llega un punto en el que el niño ya no puede discernir. Cuando la esencia de las palabras de María llegó al corazón inmaculado de Juan, ¡él se regocijó! Luego, Elizabeth fue llena del Espíritu Santo, que la capacitó para ser un buen mayordomo del don que Dios le había dado a su hijo hasta el momento en el que este fue capaz de cuidar de sí mismo.

En la historia del nacimiento de Juan, tenemos una ilustración poderosa de lo que significó trabajar junto al Señor en palabra y acción para resguardar el llamado de Dios en la vida de Juan.

La tarea de Juan

Nunca un profeta recibió la responsabilidad que le fue confiada a Juan el Bautista. Su tarea no era solamente caminar delante del rostro de Dios; también debía preparar el camino para que el rostro de Dios fuera revelado de tal manera que todos pudieran verlo. Ese era el momento que todos los demás profetas habían anhelado ver. Ahora todo iba a ser diferente.

Imagine esta escena tan común en el mundo antiguo: un ejército marchando a través de un pueblo, seguido por su rey, que está siendo cargado en los hombros de sus siervos. Ahora, imagine la misma escena, solo que en esta ocasión se trata de un ejército de una sola persona, vestido con piel de camello, enderezando los lugares torcidos con sus declaraciones proféticas. Él también es seguido por un Rey, pero en este caso se trata del Rey de reyes. Juan podría ser el ujier que conduce al rostro divinamente favorecido del rey. Su tarea no era sólo preparar el camino para la más clara *revelación* de Dios, sino también prepararlo para la *manifestación* misma del rostro de Dios: Jesucristo. En Cristo, aquello que había existido por siglos en tipos y sombras, iba a ser presentado al descubierto.

Siendo que esa era la tarea más importante jamás dada a un hombre, no consistía solo en hacer declaraciones. Era necesario hacer aun más para asegurar que la manifestación que se pretendía mostrar fuera tan clara como nuestro Creador deseaba:

"Al siguiente día vio Juan a Jesús que venía a él, y dijo: '¡Este es el Cordero de Dios, que quita el pecado del mundo!'. Este es de quien yo dije: 'Después de mí viene un hombre que es antes de mí, porque era primero que yo'. Y yo no lo conocía; pero por esto vine bautizando con agua: para que él fuera manifestado a Israel. Además, Juan testificó, diciendo: '*Vi al Espíritu que descendía del cielo como paloma, y que permaneció sobre Él*'. Yo no lo conocía; pero el que me envió a bautizar con agua me dijo: 'Sobre quien veas descender el Espíritu y permanecer sobre él, ese es el que bautiza con Espíritu Santo'. Y yo lo he visto y testifico que este es el Hijo de Dios".

—JUAN 1:29-34, énfasis añadido

Juan hizo una declaración impresionante cuando dijo: "Yo no lo conocía". Jesús no se mostró como Hijo de Dios hasta que el Espíritu Santo vino sobre Él y permaneció en Él. El maravilloso Espíritu Santo ha sido posesionado para manifestar el rostro de Dios: primeramente sobre Jesús, luego por medio de este al mundo.

Para mí, un punto clave de esta historia se encuentra en la frase: "permaneció sobre Él". Esta impactante profecía describe la forma en la que Jesús vivió: Caminó por la vida de tal manera que la paloma del Espíritu nunca fue espantada. En Él, podemos ver un estilo de vida forjado alrededor de la pasión de mantener la presencia del Espíritu de Dios. Ser una persona en la que el Espíritu Santo pueda permanecer tiene un costo. (Un costo que en este contexto no tiene nada que ver con las obras. Más bien es pasión por Él y una reverencia ante su presencia en la que —en todo movimiento que hacemos— lo tenemos en mente.)

El Evangelio de Mateo registra los detalles del bautismo de Jesús realizado por Juan. Al principio, Juan se resistió por razones evidentes. No era ni siquiera digno de desatar los zapatos de Jesús, a pesar de todo lo bautizó. Además de eso, Jesús no era pecador y, por lo tanto, no necesitaba realizar un arrepentimiento público. Sin embargo, Juan obedeció y luego fue testigo de uno de los momentos más impresionantes de la historia. El cielo se abrió, el Espíritu del Dios vivo descendió sobre el Hijo del Hombre, y el padre habló confirmando a su Hijo. A continuación, el registro de los sucesos:

"Entonces Jesús vino de Galilea al Jordán, donde estaba Juan, para ser bautizado por él. Pero Juan se le oponía, diciendo: 'Yo necesito ser bautizado por ti, ¿y tú acudes a mí?'. Jesús le respondió: 'Permítelo ahora, porque así conviene que cumplamos toda justicia'. Y Jesús, después que fue bautizado, subió enseguida del agua, y en ese momento los cielos le fueron abiertos, y vio al Espíritu de Dios que descendía como paloma y se posaba sobre él. Y se oyó una voz de los cielos que decía: 'Este es mi Hijo amado, en quien tengo complacencia'".

—Mateo 3:13-17

Antes de este encuentro Juan había anunciado que Jesús traería un bautismo diferente, el bautismo del Espíritu Santo y fuego.[3] Se refería a este bautismo cuando dijo: "Yo necesito ser bautizado por ti". Cuando Jesús llegó para ser bautizado por Juan, quebrantó todo lo que Juan pensaba acerca de sus respectivas tareas. Él sabía que su rol era identificar al Hijo de Dios y preparar al pueblo con un bautismo de arrepentimiento de pecados, para que así pudieran recibir revelación del rostro de Dios en su Hijo. Juan también sabía que el trabajo del Hijo de Dios era revelar ese rostro por medio de su bautismo, el bautismo del Espíritu. En su declaración, notamos que la preocupación de Juan no se debía a su título o su rol, sino que tenía que ver totalmente con Aquel a quien servía. Juan, que es llamado el más grande entre los nacidos de mujer, reveló así su gran necesidad. Necesitaba el bautismo que Jesús ofrecía, el bautismo del Espíritu Santo y fuego.

Al principio del capítulo, me refería a la declaración de Jesús de que el menor en el Reino de Dios es mayor que Juan, más grande que el más grande nacido de mujer. Si la gente a la que Jesús se refería era aquella que ya estaba en el paraíso, su punto sería muy discutible. Jesús no desperdiciaba palabras. En lugar de eso, estaba dando una revelación importante acerca de la clase de personas que estarían caminando sobre la tierra pocos días más tarde: personas nacidas del Espíritu y bautizadas en el Espíritu. Ese es el contexto en el que la confesión de Juan, "Yo necesito ser bautizado por ti", tiene lógica. Juan, el más grande de todos los profetas, carecía de aquello que hoy está disponible para todo creyente nacido de Nuevo. El bautismo en el Espíritu, un encuentro profundo con el rostro de Dios, añade el poder del cielo para traer transformación al planeta Tierra. Este bautismo califica *al menor en el reino para que sea más grande que Juan*. Es una promesa que está vigente, en el grado en el que vivamos y manifestemos el imperio del reino.

LA CONTROVERSIA SUPREMA

Cuando entendemos que Juan vivió ante el rostro de Dios y que ese rostro fue revelado por Jesucristo, específicamente desde el momento en el que Jesús fue revestido con el poder del Espíritu Santo, entonces la pregunta que necesitamos plantear es: ¿Cómo era ese rostro? ¿Cuál fue la naturaleza de Dios que Cristo reveló? Para poder tratar este tema apropiadamente sería necesario escribir muchos libros. Sin embargo, si tuviese que escoger una palabra para describir la naturaleza de Dios revelada en Cristo, yo diría que Él es *bueno*.

Nunca había entendido cuán controversial puede ser el tema de la naturaleza de Dios hasta que empecé a enseñar semana tras semana que Dios es bueno *siempre*. Aunque la mayoría de los creyentes sostiene esta creencia como un valor teológico, especialmente porque ha sido establecida en Nahúm 1:7 y en otros lugares, a la vez luchan a la luz de las dificultades que nos rodean por todos lados. Muchos han abandonado la idea en general, pues piensan que no tiene aplicación práctica alguna. La parte más difícil ocurre al decir que Dios es bueno *siempre*. Algunos podrían decir que Dios es *misteriosamente bueno*, que es prácticamente lo mismo que decir que es bueno, pero no en el sentido que tenemos de lo que es la bondad. Esta respuesta no nos ayuda a clarificar la confusión acerca de la naturaleza de Dios.

Al ir a la Biblia, encontramos similares contradicciones aparentes entre la declaración de que Dios es siempre bueno y los eventos reales en los cuales al parecer no está expresando bondad. Aunque el Antiguo Testamento ciertamente contiene revelaciones acerca de la compasión y del amor de Dios por su pueblo, también nos presenta como enigmas muchos incidentes que parecen implicar lo contrario. Para aquellos que no tienen una relación personal con Dios, sin duda ese parece ser el caso.

El Antiguo Testamento está lleno de recuentos de todo tipo de tragedias y conflictos que al parecer Dios trae sobre la gente por causa de su pecado y su rebelión. El Antiguo Testamento parece mostrar un Dios totalmente diferente al que vemos a través de Jesús en el Nuevo Testamento.

Más específicamente, en el Nuevo Testamento, Jesús trabaja en contra de las tragedias que devoran la vida de las personas y trata de llevarlas a la restauración y a la sanidad. ¿Cuántas personas se le acercaban enfermas y necesitadas marchándose afligidas y decepcionadas? ¿Cuántas veces dijo Jesús que el problema que una persona tenía se debía a que Dios Padre le

Sin embargo, si tuviese que escoger una palabra para describir la naturaleza de Dios revelada en Cristo, yo diría que Él es bueno.

estaba tratando de enseñar una lección con el fin de que se hiciera un poco más como Él? ¿A cuántas personas enfermas les trató de explicar que simplemente no era el tiempo de Dios para que sanaran? ¿A cuánta gente atormentada dejó en esa condición, diciendo: "Este es el resultado de sus decisiones. Yo las liberaría si realmente quisieran ser liberadas"? ¿Cuántas tormentas bendijo Jesús?

No sólo Jesús vivió de manera diferente al entendimiento común que estas personan tenían de Dios, sino que vivió en absoluta contraposición al entendimiento común que tenían acerca de Dios.

Esta impactante distinción se les ha escapado a muchos. Se ha convertido en algo común entre los creyentes pensar que Dios trae o permite la enfermedad para que nos parezcamos más a Jesús. Hoy es aceptable que los líderes enseñen que Dios provoca calamidades, porque sabe que así nos acercaremos más a Él. Si esa línea de pensamiento fuera verdadera, entonces los hospitales para personas con problemas mentales y las salas de cáncer deberían estar resplandeciendo con la presencia manifiesta de Dios, a medida que todos sus pacientes se acercan más a Él y son transformados a la semejanza de Jesús. Hace dos mil años, toda enfermedad provenía del diablo y toda sanidad venía de Dios; hoy la gente está enseñando que la enfermedad proviene de Dios y que aquellos que procuran el ministerio de sanidad son del diablo (o en el mejor de los casos, carecen de equilibrio). ¡Cuán bajo hemos caído!

Aunque es cierto que los creyentes pueden responder ante la enfermedad y la calamidad con actos sacrificiales de amor y bondad, ministrar nunca debe reducirse tan sólo a eso. Debemos parecernos a Jesús en el servicio amoroso. Pero hemos definido la responsabilidad de ser como Jesús a través de este lente solamente, en vez de entender que también tiene que ver con la forma en la que Jesús lidiaba con esos problemas. Jesús detuvo tormentas; no sólo estaba interesado en ayudar con la labor de limpieza después de una tormenta. Jesús, en vez de conducir funerales, resucitó muertos. No entrenó perros guía para invidentes, sino que les dio vista a los ciegos.

Hay quienes han llegado lejos y han afirmado que estamos en el escenario de "el bueno y el malo", queriendo decir que el Padre es el lado enojado de Dios y Jesús es el misericordioso. Nada puede estar más lejos de la realidad. La confusión con respecto a la naturaleza de las Personas de la Trinidad nos ha llevado a admitir engaños de este tipo en medio nuestro.

La mayoría de los que abrazan la idea de que Dios es el Padre enojado lo hacen en igual proporción a su incapacidad de demostrar su poder. La falta de poder exige una explicación o una solución. Culpar a Dios al parecer es más sencillo que responsabilizarse y buscar en encuentro con Aquel que convierte nuestras capacidades en un ministerio.

CÓMO RECONCILIAR AL PADRE CON EL HIJO

Uno de los elementos más importantes del mensaje del evangelio es que la naturaleza del Padre es perfectamente visible en Jesucristo. Jesús era la manifestación de la naturaleza del Padre.

Cualquier cosa que se enseñe que marqué un conflicto entre el Padre en el Antiguo Testamento y el Hijo en el Nuevo, yerra. Toda inconsistencia en la revelación de la naturaleza de Dios entre el Antiguo y el Nuevo Testamentos es aclarada en Jesucristo. Jesús mostró al Padre en todo lo que hizo. En resumen, Jesús es la teología perfecta:

> "Él es el resplandor de su gloria y *la expresión exacta de su naturaleza*, y sostiene todas las cosas por la palabra de su poder. Después de llevar a cabo la purificación de los pecados, se sentó a la diestra de la Majestad en las alturas, siendo mucho mejor que los ángeles, por cuanto ha heredado un nombre más excelente que ellos."
>
> —HEBREOS 1:3-4, énfasis añadido

Algunos podrían preguntar: "¿Qué hay acerca de Job?". Yo diría: "No soy discípulo de Job. Soy discípulo de Cristo. Job fue la pregunta y Jesús la respuesta". Todo el Antiguo Testamento colorea una gráfica del problema, para que sea sencillo reconocer Quién era la respuesta cuando llegara. Si mi estudio de Job no me lleva a Jesucristo como respuesta, nunca podré entender Job. Ese libro, junto a todas las demás preguntas acerca de la naturaleza de Dios, no debe pretender proveer una revelación de Dios que arrebate la clara revelación divina por medio de Jesucristo.

Para el creyente, es teológicamente inmoral permitir que una revelación de Dios en el Antiguo Testamento cancele o contradiga la clara y perfecta manifestación de Dios en Jesús. No niego que Dios haya mostrado enojo y juicio en el Antiguo Testamento, al igual que Jesús lo hizo en cierto grado. Sin embargo, la demostración de Jesús de una compasión extraordinaria supera en mucho cualquier muestra de enojo. Esta es la revelación de Dios que los creyentes son responsables de enseñar y modelar. Y esto quedó claro en la declaración de Jesús: "Como me envió el Padre, así también yo os envío" (Juan 20:21). El único modelo justificable que tenemos es Jesucristo. Y la descripción de nuestra tarea es bastante sencilla: sanar a los enfermos, resucitar a los muertos, echar fuera demonios y limpiar a los leprosos.[4] Si usted me dice que no está dotado para hacer esas cosas, entonces le diría: "Descubra por qué". La mayoría de las cosas que necesitamos en la vida serán traídas a nosotros, pero la mayoría de las que queremos debemos conseguirlas. Dios ha hecho que esas realidades estén disponibles para nosotros. Debemos buscarlas. Esos dones son el desbordamiento que se produce cuando nos encontramos con el *rostro de Dios*.

El Padrenuestro

No tengo la respuesta para todas las preguntas acerca de las diferencias en la forma que se muestra a Dios a lo largo de las Escrituras. Pero he visto una clave maravillosa para la vida: Es mejor vivir a partir de lo que se conoce que es verdadero, sin preocuparnos demasiado por los misterios que no podemos explicar. No puedo darme el lujo de tambalearme con cuestionamientos cuando lo que *sí* entiendo demanda de mí una respuesta y un compromiso. El retrato de Dios Padre, como lo vemos en Jesucristo, es maravillosamente claro. Él merece que dedique el resto de mi vida a aprender a imitarlo.

Como lo declare anteriormente, Jesús se despojó de su divinidad y escogió vivir como un hombre que dependía absolutamente de Dios. Al hacer eso, no solamente modeló un estilo de vida sobrenatural, sino que también ilustró el hecho de que nuestra búsqueda suprema debe ser el rostro de Dios. Su estilo de vida tanto de ayuno como de oración en la montaña a lo largo de la noche —un estilo que sin duda estableció mucho antes de que el Espíritu descendiera sobre Él— demostró que su prioridad incuestionable era buscar el rostro de Dios.

Decir que Jesús vino tanto para manifestar el rostro de Dios como para ilustrar la búsqueda incuestionable de su rostro, puede sonar un poco confuso, pero ambas afirmaciones son ciertas. Recuerde, Jesús nos modeló lo que es crecer en gracia para con Dios y con los hombres. El Padre celestial respondió a su Hijo abriéndole los cielos, a lo cual le siguieron sus palabras de aprobación: "Este es mi Hijo amado en quien me complazco". Fue en este encuentro cuando el Padre liberó el Espíritu Santo sobre su Hijo, capacitándolo así para manifestar su rostro al mundo.

Es mejor vivir a partir de lo que se conoce que es verdadero, sin preocuparnos demasiado por los misterios que no podemos explicar.

El Padre, por medio del Espíritu Santo, dirigió todo lo que Jesús hizo y dijo. Fue la intimidad de Jesús con su Padre celestial lo que se constituyó en el fundamento para todas las señales, las maravillas y los milagros que realizó en sus tres años y medio de ministerio.

Como vimos en el capítulo anterior, Ezequiel anunció esta declaración profética: "No esconderé más de ellos mi rostro; porque habré derramado de mi Espíritu sobre [ellos]" (Ezequiel 39:29). El rostro de Dios se revela en el derramamiento del Espíritu Santo. Este derramamiento también fue necesario para Jesús, para que pudiera estar totalmente capacitado. Esa fue su búsqueda. Recibir esa unción lo calificó para ser llamado el *Cristo*, que significa "el ungido". Sin esa experiencia este título no hubiese sido posible.

LA ÚLTIMA DESAPARICIÓN

En Juan 17, leemos la oración de Jesús acerca del cumplimiento de su tarea en su ministerio. Él dijo: "Te he glorificado... he acabado la obra... He manifestado tu nombre... Les he dado tu palabra... como tú me enviaste al mundo, así yo los he enviado al mundo... Yo les he dado la gloria que me diste... Les he dado a conocer tu nombre" (Juan 17:4, 6, 14, 18, 22, 26). Vemos con claridad que la tarea de Jesús era hacer evidente el nombre de su Padre, su obra, su gloria y su Palabra, en especial, a ese grupo selecto de discípulos.

Sin embargo, más tarde, Jesús dejó abismados a sus discípulos cuando les dijo que tenía que marcharse. Imagínese esto: El rostro de Dios ha venido, estos hombres lo hallaron y retuvieron su gloria.[5] Pero ahora estaban escuchando que esta experiencia, que se convirtió en el supremo encuentro imaginable con Dios, les iba a ser quitada. Además de eso, Jesús les estaba diciendo que de hecho lo mejor era que Él se fuera. "Os conviene que yo me vaya, porque si no me voy, el Consolador no vendrá a vosotros; pero si me voy, os lo enviaré" (Juan 16:7).

Jesús manifestó el rostro de Dios a la humanidad. Pero sólo cuando se fue, pudo liberar su experiencia para que se convirtiera también en la de ellos. Así que envió al Espíritu Santo para que viniera sobre ellos. Eso significa que podrían tener su propio encuentro con el rostro de Dios en una manera que no era posible por medio de Jesús. En otras palabras, la experiencia de Jesús iba a convertirse en la experiencia normal de todos los que lo siguieran. Este encuentro nos lleva a la transformación definitiva, para que podamos convertirnos en los transformadores concluyentes.

EL ASPECTO PRÁCTICO DE LA GLORIA

Cuando Moisés pidió ver la gloria de Dios, este le reveló su bondad.[6] La bondad divina es revolucionaria por naturaleza. No es un acto simbólico de benignidad, sino más bien una gráfica de la sobrecogedora búsqueda de la humanidad por parte de Dios, en la que nos muestra su amor extremo y su misericordia. La gente está muy consciente de la habilidad de Dios para juzgar y perdonar y de que Él es quien busca las oportunidades para mostrar misericordia. Muchos de sus propios hijos viven en ignorancia con respecto a su bondad, por lo que continuamente lo representan de manera incorrecta. Es más, no importa cuán terrible fue el pecado de una persona o su vida, desde la mujer descubierta en adulterio hasta el atormentado hombre gadareno, Jesús reveló el rostro de Dios al mostrar misericordia. Esas acciones jamás pretendieron ser muestras momentáneas de bondad para que por fin en el siglo veintiuno Dios pudiera castigar a la gente. Su corazón perdonador y misericordioso es claro en la persona de Jesucristo. Jesús es la manifestación más clara del rostro de Dios que la humanidad haya visto.

Muchos pueden recordarnos que así como Dios es bueno, al mismo tiempo es el juez de todo. Y es cierto. Pero en el tiempo de Jesús ese juicio estuvo solamente dirigido a aquellos que decían conocer a Dios pero que, sin embargo, no le conocían en absoluto: los líderes religiosos. Jesús representaba una amenaza continua para el imperio de egoísmo que habían construido basado en sus servicios religiosos. Eran buenos para rechazar, castigar, restringir, pero no tenían ni idea de lo que es el corazón de Dios, el mismo que afirmaban conocer. Sabían muy poco del amor ilimitado de Dios y de su pasión por la libertad de toda la humanidad.

En una ocasión, Jesús les dijo a los fariseos: "Los sanos no tienen necesidad de médico, sino los enfermos. No he venido a llamar a justos, sino a pecadores" (Marcos 32:17). La gente más enferma espiritualmente del planeta eran los líderes religiosos. Aun así su declaración no causó mayor impacto en ellos porque carecían de la conciencia de su necesidad personal. Estaban faltos en cuanto a la justicia genuina que viene como resultado de una relación con Dios. Las prostitutas y los cobradores de impuestos iban delante de los fariseos simplemente porque estaban conscientes de su necesidad. "Bienaventurados los *pobres en espíritu* porque de ellos es el reino de los cielos" (Mateo 5:3, énfasis añadido). Sin embargo, la carencia de conciencia de esta necesidad en los fariseos los descalificó en el llamado de Dios para la salvación.

> *Es este singular factor de estar alerta a la necesidad particular lo que capacita a la persona para reconocer lo que Dios está haciendo en la tierra.*

De manera irónica, los más grandes pecadores fueron los que reconocieron quién era Jesús cuando vino. Las prostitutas, los cobradores de impuestos, los fornicarios, todos ellos reconocieron que Jesús era el Mesías. Sin embargo, aquellos que estaban más entrenados en las Escrituras no le conocieron por lo que era.

La conciencia de una profunda necesidad personal es también el punto en el que crece la fe extraordinaria. Donde no existe conciencia de necesidad, la oportunidad de responder a Dios está fuera de alcance. Por eso, los fariseos no tuvieron acceso a aquello que más agrada a Dios: la fe. Y la fe es lo que mueve a Dios, más que cualquier otra cosa.

CAPÍTULO VI

CÓMO TENDER UNA EMBOSCADA

*E*l hambre por Dios es una de las mayores señales de vida que alguien puede tener. Revela la conciencia interna de un destino mayor y de la realización. Algunas personas tienen un concepto teológico acerca de que la presencia de Dios está con ellos, pero se estancan sin una verdadera experiencia. Debemos pasar de la conciencia intelectual al hambre por encuentros que satisfagan nuestro corazón y que produzcan cambio y transformación.

El deseo mismo es un testimonio de que hay más, y el hecho de que anhelamos buscar a Dios debe animarnos a intentar este encuentro. Es prácticamente imposible tener hambre de algo que no existe. Yo me antojo de comer dulces porque existen. De la misma manera, mi corazón clama por Dios porque fui creado para encontrar la plenitud total solamente en Él. Y mientras más le conozco, más me convenzo de que será fiel en satisfacer el deseo que puso en mí.

Una de las promesas más importantes de Jesús les fue dada a sus discípulos justo antes de su muerte: "el que me ama... *yo lo amaré y me manifestaré a él*" (Juan 14:21, énfasis añadido). Él les prometió que lo volverían a ver. Eso claramente no es sólo la promesa de que le verían en el cielo, porque eso era un hecho. Tampoco era una promesa exclusiva para esos discípulos, sino para todos los que le aman. (De otro modo, podríamos pensar que esta promesa sólo se refería a la aparición de Jesús ante sus discípulos antes de su ascensión.)

Esta promesa fue dada para toda generación de creyentes, y no puede significar nada menos que el hecho de que Él se hará conocer a nosotros y que de cierto le veremos una y otra vez. Eso es, sin duda, lo mejor de los dos mundos. Dios nos ha dado estas promesas de manera explícita para que le busquemos rendidos, y con la confianza de que será hallado por aquellos que le aman y que lo buscan con todo el corazón.

DIOS MIRA EL CORAZÓN

Dios se revela a los que le aman. ¿Qué clase de personas son esas? Si hiciésemos una lista de personas en la Escritura que ilustren lo que significa amar a Dios, probablemente David estaría en el primer lugar. Es impresionante ver hacia dónde le guió ese amor a Dios.

Cuando Dios mandó al profeta Samuel a ungir al hombre que había escogido para remplazar al rey Saúl, le explicó que Él no miraba la apariencia externa, sino al corazón. Fue desde esa perspectiva que David fue escogido de entre sus hermanos, que parecían estar más aptos para la grandeza en el plano natural. Sin embargo, fue el apasionado corazón de David por Dios lo que atrajo a Dios. Como resultado David fue escogido para ser rey. Aunque Dios es muy capaz de ejecutar tareas múltiples —como dar atención individual a cada persona del planeta al mismo tiempo— es atraído en una manera más fuerte hacia aquellos corazones que han sido refinados por la búsqueda de Él.

La pasión de David por Dios se vio primero detrás de la montaña, mientras atendía las ovejas de su padre. En aquel silencioso momento de nuestro día, cuando nadie nos observa, los verdaderos deseos de nuestro corazón pueden ser vistos. Así ocurría también con David. Él era un músico talentoso que escribía canciones para adorar a Dios.

> *Dios muestra su rostro de gracia a aquellos que han demostrado carácter cuando nadie los mira.*

Lo hacía mucho antes de que eso se convirtiera en una expresión normal de adoración. Para ese momento de la historia, a Israel se le había instruido que ofreciera a Dios sacrificios de sangre como una expresión básica de adoración. Pero se había dado muy poca instrucción con respecto al sacrificio de acción de gracias y de alabanza que se ofrecía con el corazón. David descubrió, en su búsqueda de Dios, que eso era importante para Dios. Así que aprendió que lo que realmente le agrada a Dios es la ofrenda de un corazón contrito y humillado. Y estaba ansioso de ofrecerlo. Su celo por Dios se hizo evidente, a medida que se entregaba a sí mismo al privilegio de adorar y ministrar directamente al Señor.

David abrazó la responsabilidad de vigilar las ovejas de su padre con un celo semejante. (Muchos tienen pasión por alcanzar sus metas o ambiciones personales, pero David era dirigido por la justicia.) Cuando un león y un oso atacaban las ovejas de su padre, arriesgaba su vida para salvarlas. Recuerde, él hacia eso cuando nadie lo observaba; no lo hacía para que otros pudieran reconocer su valentía. Eso fue el producto de su identidad en Dios. Mataba a ambos animales, y ese coraje e integridad lo prepararon para el momento en el que Dios le permitió matar a Goliat, cuando todos estaban mirando. Una victoria en privado conduce a una pública y a una bendición colectiva, porque Dios muestra su rostro de gracia a los que demuestran carácter cuando nadie los mira.

Muchos años después del reinado de David, se levantó otro rey. El profeta Eliseo le instruyó que golpeara la tierra con unas flechas. El rey obedeció y golpeó la tierra en tres ocasiones. El profeta se enojó por la forma tan casual con la que obedeció la orden y le dijo que si él hubiese golpeado la tierra cinco o seis veces, hubiera aniquilado del todo a sus enemigos. Pero en lugar de eso, sólo disfrutaría de tres victorias momentáneas. Todo Israel sufriría las consecuencias de ese acto hecho sin pasión. Lo importante de esto es lo siguiente: los líderes sin pasión perjudican a todos los que les siguen. Pero no fue así con David, que se mostró a Dios como un hombre de gran pasión; por Dios y por la vida.

LA LUCHA HA TERMINADO

El gran amor de David por Dios lo llevó a descubrir la realidad de que Dios es hallado por los que le buscan. Encontramos este gran mandamiento en Salmos, que revela uno de los secretos de la vida de David. "Reposa en el SEÑOR y espéralo con paciencia" (Salmo 37:7). La palabra *descansa* usada en este versículo significa una de estas dos cosas, dependiendo del contexto. Una es "quedarse quieto". Lo que sería congruente con el uso de nuestra palabra en español. La otra definición es bastante fascinante. Significa "dar un paseo de placer". Automáticamente, pienso en Dios y en Adán caminando juntos en el jardín del Edén al fresco del día; esto ilustra el verdadero descanso que encontramos en una relación recta con Dios.

Sabemos que todo lo que fue robado por causa del pecado de Adán es restaurado en el último Adán, Jesucristo. De modo que, *reposar en el Señor* significa básicamente que el obstáculo para la relación con Dios ha sido removido y que la lucha ha terminado. No necesito pelear para ganar la atención de Dios. Ya tengo su favor y puedo caminar favorablemente con Él aventurándome a desarrollar una relación personal. Todo eso ha sido provisto en el don de la salvación. Es asombroso comprender que David descubrió este poder al esperar en Dios mientras estaba en el Viejo Pacto.

Mucha gente trabaja para recibir la atención de Dios y su favor, en vez de trabajar con Dios por causa de su favor. Se casan tanto trabajando *para* Él que les queda muy poca fuerza para trabajar *con* Él cuando les abre las puertas para realizar un servicio relevante. La raíz de este problema es ignorar la aceptación de Jesús para cada uno de nosotros, y eso tiene un costo mortal. Trabajamos tan duro para ganar el favor divino, para así ser aceptados, cuando esto es precisamente lo opuesto a la forma en la que opera la vida en el reino.

Debido a que Cristo es mi justicia, ya soy aceptado. De esa aceptación, viene el favor, y ese favor da vida a las verdaderas obras de servicio, semejantes a las de Jesús. Sirvo *en* Él y no meramente *por* Él. Esta simple progresión es realmente la clave

del ministerio. Este fue el modelo que Jesús nos dio. Él sólo hizo
lo que vio hacer a su Padre y sólo dijo lo que escuchó decir a su
Padre.

*Sirvo en Él y no
meramente por Él. Esta
simple progresión es
realmente la clave del
ministerio.*

Un ejemplo clásico de eso es la
historia de María y Marta. María
escogió sentarse a los pies de Jesús
mientras que Marta decidió trabajar
en la cocina.[1] María buscó complacerle estando con Él, mientras que
Marta buscó complacerle sirviéndo-
le. Cuando Marta se enojó, le pidió
a Jesús que le dijera a María que la
ayudara en la cocina. Muchos siervos quieren degradar el rol
del amigo para justificar su orientación a las obras, con la que
se acercan a Dios. Es importante recordar la respuesta de Jesús:
"María ha escogido la mejor parte". Marta estaba preparando
una comida que Jesús nunca ordenó. Hacer más para Dios es el
método que los siervos utilizan para obtener su atención, y para
que así su favor aumente para con ellos. El enfoque del amigo
es totalmente distinto: disfruta el favor que tiene y lo usa para
pasar tiempo con su Señor.

Decir que necesitamos tanto de María como de Marta es
perder el punto por completo. Y es sencillamente falso. Tal vez
usted haya escuchado que nunca hubiésemos visto nada realizado si no hubiese sido por las martas. Eso también es una
mentira. Esa enseñanza proviene en su mayoría de las martas
que se sienten intimidadas por el estilo de vida de las marías.
María no era una perezosa. Al contrario, estaba empezando a
ser como su Señor, que sólo hacía lo que veía hacer a su Padre.
Jesús estaba hablando, por lo tanto, María hizo a un lado otras

distracciones y se sentó a escuchar. No se dedicó a hacer los sándwiches que Jesús no había ordenado. Ella había aprendido que trabajar en su presencia es mucho más efectivo que trabajar por su presencia.

OTRO VISTAZO AL ESPERAR

Uno de los problemas que tenemos en nuestro estudio de la Biblia es que tendemos a interpretar las cosas a través de nuestras propias experiencias y nuestra cultura. *Esperar pacientemente a Dios* es un gran ejemplo. Para la mayoría de nosotros, esta declaración trae una imagen pasiva a nuestra mente. Muchos han hallado en esto una manera de culpar a Dios de su pereza espiritual: "Oh, simplemente estamos esperando a Dios". Y lo han hecho por años, desperdiciando tiempo valioso, con la esperanza de que invada sus vidas y les dé alguna sensación de significado.

Sin embargo, esperar en Dios no es una actitud pasiva de "acostarse en el sofá", algo así como decir: "Cuando Dios quiera tocarme, sabe dónde vivo". Todavía hay gente que se recuesta y dice: "Vaya, he escuchado que Dios está haciendo grandes cosas en el mundo. Cómo quisiera que se moviera en mí o en mi iglesia. Cómo desearía que hiciera algo grande en mi ciudad. Esta clase de actitud que *espera en Dios* no es la que vemos en las Escrituras.

La palabra hebrea paciencia puede encontrarse en la Biblia en cincuenta y tres ocasiones. Cuatro veces se define como "esperar pacientemente", "esperar", "esperando" o "esperado". Cuarenta y nueve veces es definida como "estremecerse con dolor, como en el alumbramiento de un niño" o "girar en el aire al danzar".

Las características implicadas en el alumbramiento y en la danza nos dan el entendimiento necesario para practicar la espera paciente en Dios. Jamás podríamos ver a alguien involucrado en el alumbramiento de un niño o danzando hábilmente al son de la música y pensar que se encontraba en un estado pasivo. La pasión es la naturaleza de ambas expresiones. Y es la que marca el sendero de la espera paciente en Dios.

En nuestra cultura, *paciencia* connota la actitud expresada en palabras como estas: "Solamente voy a tolerar esta molestia un día más porque soy paciente". Esta no es la paciencia bíblica de la que David hablaba. Si el esperar con paciencia es visible en el saltar y moverse en un baile, eso significa que la persona que está esperando está increíblemente enfocada. Su amor por la danza le introduce en una disciplina que produce excelencia creativa. Los bailarines deben estar intensamente enfocados en sus cuerpos, en la música y en el lugar en donde van a aterrizar. Lo menos que puede suceder sin aquella cantidad de disciplina y enfoque necesario, con seguridad, son las lesiones.

La misma clase de intensidad, y ese enfoque que consume, caracteriza la acción de dar a luz a un niño en medio de un dolor increíble. Tuve el privilegio de estar presente en el alumbramiento de cada uno de mis hijos. Cuando mi esposa estaba dando a luz a nuestra tercera hija, Leah, cometí el error de voltear mi cabeza hacia alguien más en la sala durante una contracción. Enseguida, descubrí que fue el momento equivocado de hacerlo. Cuando puse mi atención en otra cosa, mi esposa perdió la habilidad de mantener su enfoque (lo cual era esencial para mantenerse al menos) tolerando el dolor. Cometí ese error en el momento en el que mi esposa más necesitaba mi ayuda. El fuerte apretón que me dio en la mano, me ayudó a volver mi atención y darme cuenta de que realmente la única persona que merecía mi atención en ese momento era ella.

Hay algo tanto en la danza como en el alumbramiento que requiere una increíble resolución de alcanzar el fin intencionado. Y eso es lo que significa esperar pacientemente en Dios. Implica un enfoque intenso, una disciplina resuelta y la convicción de que *nada más nos satisfará*. Dios se siente atraído a esas personas que tienen esa clase de tenacidad y que no encuentran satisfacción en cosas inferiores.

HAY MÁS

David emplea otra palabra para ampliar su gráfica de lo que significa esperar en Dios. "Los que *esperan* en el Señor heredarán la tierra" (Salmo 37:9, énfasis añadido). Aquí la palabra *esperan* significa "tenderse en espera", como cuando se está preparando una emboscada. Y eso está tan lejos de la definición pasiva de esperar como podemos imaginar. Es casi militante, y todavía conlleva la disciplina del enfoque intenso que mencionamos antes, pero ahora está acompañada de una búsqueda ansiosa. Isaías expresó esa misma idea: "Aguardaré al Señor que esconde su rostro de la casa de Jacob; sí, a él esperaré con ansias" (Isaías 8:17).

Si deseo cazar un venado, no tenderé una emboscada en Wall Street, en Nueva York, ni en la mitad del Océano Pacífico. Para colocar una trampa con cierta esperanza de éxito, debo hacerlo en áreas que los venados frecuentan. Pero muchos no se dan cuenta de que eso también se aplica al esperar en Dios. Muchas personas tienen necesidad de recibir un milagro, pero no cruzan la ciudad para encontrar una iglesia en la que los milagros son comunes. Jugamos con el orgullo cuando nos rehusamos a humillarnos a nosotros mismos para tendernos en espera en los lugares que Dios frecuenta.

Por favor, no tropiece ahora con la idea de que tenderle una emboscada a Dios es violar su soberanía, Él es quien ha prometido que será hallado por aquellos que le buscan con todo el corazón. Él también es el mismo que ha dicho que se hará conocer en la medida que le busquemos. Fue idea suya. Esta es nuestra prueba para ver si en realidad creemos en Él lo suficiente como para *buscarlo con ansiedad*. Dios está buscando a alguien dispuesto a salir de su rutina par tenderle una emboscada.

Algunas personas realmente se incomodan cuando ven que ciertos creyentes viajan alrededor del mundo porque han escuchado que Dios está haciendo algo importante en un lugar en particular. Y piensan: "Dios está en todas partes. Búscalo donde estás y vendrá a ti". De manera similar, los predicadores sin una unción significativa dirán: "No debes seguir señales. Se supone que las señales te sigan a ti". Eso se ve bien sobre el papel y tiene cierta medida de verdad. Pero como mencioné en el primer capítulo, si las señales no te están siguiendo, más te vale que las sigas hasta que ellas te sigan a ti. Recuerda, las señales apuntan hacia una realidad mayor. No debemos seguirlas por lo que son en sí mismas, sino porque nos dirigen a Aquel que las creó. Entrar en contacto con Él es la forma en como nos convertimos en aquellos que son seguidos por las señales. Aunque ciertas personas no se den cuenta, muchos de los que viajan a cualquier lugar y a cualquier costo simplemente porque tienen hambre de Dios están haciendo exactamente lo que David enseñó acerca de esperar en Dios. Van a dónde Él está trabajando y se tienden en espera, anticipando cada uno de sus movimientos, buscando la oportunidad de estirar su mano y tocar a Dios.

Mateo describe esto en el acto extraordinario que encontramos en la historia de la mujer que había padecido de hemorragias severas por doce años. Se colocó en tal posición que pudo tocar el manto de Jesús mientras transitaba por el camino.[2] No fue fácil seguirlo. Había una multitud de gente apretándolo. Aun así esa mujer fue la única en ver la dimensión celestial que Él llevaba consigo y lo tocó en una forma que demandó la unción del Espíritu Santo que residía en Jesús. Esa es la clase de fe que agrada a Dios. Y este es el ejemplo clásico que nos permite ver cómo Dios recibe con agrado las emboscadas.

TRAS LAS HUELLAS DE JACOB

Hay varios personajes notables en la Escritura que ilustran con claridad lo que significa esperar en Dios con un enfoque intenso y con pasión. Me gustaría considerar a tres de ellos, empezando con Jacob.

A pesar de sus problemas personales con el engaño y la manipulación, Jacob deseaba intensamente la bendición de Dios. Sin duda, no sería bien estimado por aquellos que critican a quienes buscan constantemente las bendiciones de Dios. Jacob simplemente quería que Dios se hiciera real en su vida.

Su búsqueda culminó cuando tuvo que enfrentarse con la que él creía era la situación más peligrosa de su vida: el encuentro con su hermano Esaú por primera vez desde que había obtenido su derecho de primogenitura y robado su bendición. Las circunstancias eran desesperadas, Jacob pensaba que su hermano quería venganza. No todo el mundo busca a Dios en medio de circunstancias desesperadas. Algunos lanzan una última oración de socorro, pero pocos dan el paso de agarrarse de Dios como su única esperanza en su vida hasta que llega la respuesta. Jacob lo hizo, y fue esa pasión enfocada y su fe lo que atrajo a Dios. En respuesta, Dios envió a un ángel a hacerle una visita.[3]

"Así se quedó Jacob solo; y luchó con él un varón hasta que rayaba el alba. Cuando el hombre vio que no podía con él, tocó en el sitio del encaje de su muslo, y se descoyuntó el muslo de Jacob mientras con él luchaba. Y dijo: Déjame, porque raya el alba. Jacob le respondió: *No te dejaré, si no me bendices.*"

—GÉNESIS 32:24-26, énfasis añadido

En respuesta a su persistencia, Jacob recibió un cambio de nombre. Esto reflejaba el cambio de carácter que había ocurrido en él en su búsqueda de la bendición. Su nombre fue cambiado de Jacob ("engañador") a Israel ("Dios lucha"). En este encuentro con Dios también fue herido, y quedó cojo por el resto de su vida; ese fue el precio de su perseverancia. Una resolución como la suya siempre tiene un costo.

"'¿Cuál es tu nombre?', le preguntó el hombre. 'Jacob', respondió él. Entonces el hombre dijo: 'Ya no te llamarás Jacob, sino Israel, porque has luchado con Dios y con los hombres, y has vencido'. 'Declárame ahora tu nombre', le preguntó Jacob. '¿Por qué me preguntas por mi nombre?', respondió el hombre. Y lo bendijo allí mismo. Jacob llamó Peniel a aquel lugar, porque dijo: '*Vi a Dios cara a cara*, y fue librada mi alma'. Ya había pasado de Peniel cuando salió el sol; y cojeaba a causa de su cadera."

—GÉNESIS 32:27-31, énfasis añadido

Supongo que cuando usted entiende que ha sobrevivido después de haber visto el rostro de Dios, sobrevivir enfrentando a un hermano molesto se ve como algo muy sencillo. Es significativo observar que, cuando Jacob se encontró más tarde con Esaú y halló gracia ante él, le dijo: "No, yo te ruego; si he hallado ahora gracia a tus ojos, acepta mi regalo, porque he visto tu rostro como si hubiera visto el rostro de Dios, pues que con tanta bondad me has recibido" (Génesis 33:10). Este episodio claramente revela el poder de la bendición y el favor que cayó sobre la vida de Jacob después de su encuentro y su cambio de nombre. Su hermano lo trató como si fuese una persona totalmente diferente.

Pero fue la búsqueda de Dios lo que dio inicio al cambio en Jacob. Su vida es un gran recordatorio de que no es necesario ser perfecto para empezar esa jornada. De hecho, es esta búsqueda la que nos perfecciona.

El encuentro supremo de la vida le fue concedido a Jacob. Y su conclusión fue esta: "He visto a Dios cara a cara, y aun así he sobrevivido". Me entristece ver la gran cantidad de personas que sienten que deben limpiar sus vidas antes de encontrarse con Aquel que limpia. Esa es una tarea imposible que trae presión y lucha por una relación con Dios. El simple hecho de ser capaz de seguir, sin distracciones, el deseo de nuestro corazón de conocer a Dios es lo que produce más transformación que cualquier lista de reglas que podamos hallar en cualquier religión.

TRAS LAS PISADAS DE ELISEO

Eliseo representa otro ejemplo de lo que significa esperar con paciencia, y al igual que Jacob, nos ilustra que la capacidad de esperar es lo que determina los progresos espirituales que liberan nuevas medidas de poder y autoridad en nuestras vidas.

Eliseo pasó muchos años entrenándose como asistente de Elías, hasta que llegó el momento en el que el Señor se llevó a Elías a casa. Toda la comunidad de profetas, así como Eliseo, parecía conocer el día en que eso iba a suceder. Extrañamente, también en ese día Elías parecía querer deshacerse de su hijo espiritual en diferentes oportunidades. Sin embargo, Eliseo siguió a Elías como si fuese una sombra y no permitió que se fuera de su vista. Cuando Elías le preguntó qué podía hacer por Él antes de ser llevado por Dios, Eliseo apuntó a la luna. Le dijo: "Te ruego que una doble porción de tu espíritu sea sobre mí" (2 Reyes 2:9).

La experiencia personal de Elías, era hasta ese momento, la más grande que había tenido profeta alguno. Lo que Eliseo estaba pidiendo era muy difícil dado al costo que implicaba. El Señor le mostró a Elías de qué manera Eliseo podía ser probado para comprobar si tenía lo que era necesario para recibir una doble porción de la unción de Elías.

Esta es una gran lección. El lugar donde mejor descansan los dones del Espíritu es en los frutos del Espíritu. Es por eso que la Biblia dice que la fe, en efecto, opera por medio del amor. La palabra para obra u obrar en Gálatas 5:6 es *energeo*, y es de donde obtenemos nuestra palabra *energía*. En otras palabras, *la fe es energizada por medio del amor*. Los dones son energizados por el carácter. Y sin la energía del carácter fluyendo en nuestras vidas, no seremos capaces de ejercer los dones congruentemente y con excelencia. La unción del Espíritu del cual estos dones provienen es dada para bendecir y para liberar la realidad celestial en la tierra. Pero eso tiene un peso.

Sólo la integridad acompañada por la pasión pudo capacitar a Eliseo para llevar una doble porción de la unción de Elías. La prueba era simple aunque no fácil. Elías le dijo: "Cosa difícil has pedido. Si me vieres cuando fuere quitado de ti, te será hecho así; mas si no, no" (2 Reyes 2:10). Es interesante notar que el Señor escogió probar a Eliseo en lo mismo que ya estaba haciendo, mantener sus ojos sobre su maestro. Probablemente, ya Eliseo seguía tan de cerca las pisadas de Elías que ya este no podía ni ir al baño sin que Eliseo estuviera presente. Dios sencillamente arregló las circunstancias para saber si aquello que ya estaba haciendo por instinto tenía también el respaldo de la fuerza de carácter suficiente para sostenerse a pesar de las distracciones que pudiera afrontar. De ser así, le sería confiada una doble porción. Aquí tenemos cuáles serían algunas de esas distracciones:

"Y aconteció que yendo ellos y hablando, he aquí un carro de fuego con caballos de fuego apartó a los dos; y Elías subió al cielo en un torbellino".

—2 Reyes 2:11

Mientras Eliseo cumplía su tarea de mantener los ojos sobre Elías, ocurrió lo inesperado. Una carroza de fuego descendió del cielo. La carroza no se llevó a Elías al cielo como algunos piensan. Las Escrituras nos dicen que realmente Elías fue llevado por un torbellino. Entonces, ¿para qué era la carroza de fuego? Era una prueba. Si Eliseo iba a recibir una doble porción de la unción de Elías, eso significaba que iban a haber muchas señales y cosas inusuales alrededor de su vida. ¿Podría Eliseo mantener sus ojos en su tarea (Elías en este caso), aun cuando las actividades del cielo estuvieran invadiendo la atmósfera? ¿Sería capaz de anclar su corazón en la voluntad de Dios para no ser arrastrado por lo maravilloso de su don? Muchos de nosotros tal vez hubiéramos fallado en esa prueba. Después de todo, ¿por qué estaría mal que pusiéramos nuestra atención en las actividades de Dios? Sin embargo, la búsqueda de Eliseo de la doble porción de Elías, se cumplió en este encuentro, pues Eliseo no sería distraído por su propio don y unción.

Dios desea liberar en nosotros dones, más de lo que nosotros deseamos recibirlos. Pero es demasiado misericordioso como para dárnoslos si más tarde tendrá que juzgarnos por haber fracasado usándolos con integridad. De cualquier modo, también debemos entender que aun cuando pasamos una prueba específica aplicada a nuestro carácter y somos confiados con una medida mayor de unción, aún no hemos llegado a la meta. Todos sabemos que ha habido quienes empezaron bien la carrera de la fe y recibieron una unción maravillosa para bendecir al Cuerpo de Cristo, sólo para caer más tarde. Estamos en una carrera que dura toda la vida y Dios trabaja en cada una de sus etapas para capacitarnos, a fin de que recibamos lo que desea darnos, tanto en esta vida, como en la próxima.

Tras las pisadas de Jesús

Nuestra clave para correr con éxito esta carrera es la misma que tuvo Eliseo. Como nos dice Hebreos, la clave es mantener la mirada fija en nuestro Señor. Tenemos éxito cuando mantenemos la mirada en Jesús, precisamente porque Él es quien corrió la carrera primero. Él tuvo que pasar por las mismas pruebas de carácter que Eliseo afrontó, mismas que también debemos afrontar. Nos modelo el éxito manteniendo los ojos fijos en el Padre todo el tiempo. Al igual que en la última prueba de Eliseo, la de Jesús requería que mantuviese su enfoque ante la separación de su Padre.

En su camino a la cruz, Jesús nos mostró el ejemplo máximo del tipo de enfoque apasionado que hemos estado considerando. Fijó su rostro en el camino a Jerusalén aun cuando sabía que iba a morir: "Sin embargo, es necesario que hoy y mañana y pasado mañana siga mi camino, porque no es posible que un profeta muera fuera de Jerusalén" (Lucas 13:33, NVI).

Es importante ver que Jesús fue tras su enfoque sin apoyo alguno de sus allegados. Se tomó el tiempo para preparar cuidadosamente a sus discípulos respecto de su muerte. Pero pese a cuanto les habló, no lo entendieron. No sólo que no comprendieron lo que ocurriría en la cruz, sino que se opusieron a lo poco que entendían. En cierto punto, incluso Pedro reprochó a Jesús por las repetidas referencias a la muerte que sufriría.

La muerte de Jesús debía ser como ninguna otra en la historia. Jesucristo nunca pecó; sin embargo, iba a llevar los pecados de toda la humanidad y de todos los tiempos. El peso de semejante carga va más allá de lo imaginable. En su muerte, el Hijo estuvo separado de Dios por primera y única vez. Esta separación representó otra experiencia de incalculable dificultad, que Jesús abrazó para nuestro beneficio.

Sin embargo, aun así leemos que Jesús lo hizo "por causa del gozo puesto delante de Él" (Hebreos 12:2). Sus ojos estaban fijos en algo más allá de la cruz: la reconciliación de muchos hijos con su Padre. De la misma manera, en la carrera de nuestras vidas,

Dios ha puesto un gozo delante de nosotros, y es el gozo de compartir esa reconciliación que Cristo puso a disposición nuestra. Sin embargo, a medida que nos convirtamos en personas capaces de beber ese gozo en su plenitud, atravesaremos diferentes pruebas y sacrificios en ocasiones en las que parecerá que Dios nos ha volteado su rostro.

Descubrir eso es un secreto precioso y vital, para aquellos que buscan el rostro de Dios, pues estos momentos son realmente invitaciones de Dios a participar de un mayor poder e intimidad.

OTRA PARADOJA

Vivimos en una hora en la que el rostro de Dios está siendo revelado en un derramamiento maravilloso del Espíritu Santo. *No hay límite en lo que una persona, iglesia, ciudad o nación puede experimentar.* La Biblia nos señala aquello que hoy está disponible, pero cómo, cuándo o cuánto de eso puede ser alcanzado nunca se nos ha definido. Nunca se han establecido límites. Aunque la plenitud de la gloria de Dios nos mataría, hay medidas de su presencia que algunas personas en el pasado disfrutaron y que sobrepasan en gran medida lo que experimentamos hoy. Mi convicción personal es que Dios ha puesto a nuestra disposición cualquier medida de Su gloria que nuestros cuerpos pueden tolerar.

Podría parecer extraño animar a la gente a buscar algo de Dios rendidos y al mismo tiempo exhortarles a descansar. Sin embargo, de alguna manera es la única combinación de estas dos cosas lo que define nuestro desafío en esta hora. Esto es el "descanso que persigue". Lo que Dios ha hecho por mí va más allá de mis sueños más atrevidos. En cierto sentido podría vivir

para siempre en esta situación con
Dios, pues Él es quien me satisface
de manera absoluta, pero a la vez
estar con Él agita sueños y pasiones
en mí que no me permiten estar quieto. Hay mucho más, ¡Y yo vivo para
recibirlo!

> *Nacimos para vivir en la gloria de Dios.*

ESTAD QUIETOS Y EXPERIMENTAD A DIOS

Me encanta el privilegio de pasar tiempo con Dios, mientras más
tiempo, mejor. Permanecer quieto delante de Él es una actividad
que subestiman los que les gusta alcanzar logros orando para el
Rey y por su reino.

Así es como yo lo veo. En ocasiones, tomo sólo algunos
minutos en medio del trabajo diario para su placer. Me presento
ante el Señor y digo algo como esto: "Dios, aquí estoy, pero
no voy a pedir nada ni a actuar de ninguna manera delante de
ti. Solamente, me voy a sentar en este lugar para ser objeto de
tu amor y permitirte amarme". Esto es algo grande para mí,
porque mi tiempo usual de oración es setenta y cinco por ciento adoración y veinticinco por ciento petición. No hacer algo a
veces me resulta difícil. En ocasiones, cuando entro a ese lugar
de descanso, recibo la imagen de Dios derramando sobre mí
un aceite color miel sobre todo mi cuerpo como símbolo de su
amor. Es una imagen sobrecogedora que prefigura estar sumer-
gido en su amor. Algo maravilloso empieza a suceder a medida
que Él despierta cada parte de mi vida en su presencia.

David dijo: "Mi alma tiene sed de ti, mi carne te anhela"
(Salmo 63:1). Piense en esto, antes de que fuese posible nacer de

nuevo por medio de la sangre de Jesús, David dijo que su cuerpo estaba hambriento de Dios. Es posible estar tan empapado de la gloria de Dios, debido a un estilo de vida de adoración que, de hecho, nuestro cuerpo llega a descubrir uno de los grandes propósitos por los que fue creado. Nacimos para vivir en la gloria de Dios.[4] Ya sean cinco minutos o cinco horas, tomar tiempo para Dios fuera de la actividad cristiana es una de las decisiones más importantes que podemos tomar.

EL MOMENTO CREATIVO

Cuando me presento delante del Señor para entrar en ese tiempo de inactividad, casi siempre recuerdo cosas que debí haber hecho o lo que serían buenas ideas para mi vida o mi ministerio. En mis años de juventud, creía que el diablo trataba de distraerme en mi tiempo con Dios. Pero a medida que fui creciendo, entendí que simplemente Dios me estaba mostrando que le preocupan las cosas que me interesan. Pasar tiempo con Dios libera una creatividad importantísima para poder cumplir nuestro propósito en la vida.

Ahora, cada vez que entro en ese tiempo con Dios, llevo conmigo un bolígrafo y un pedazo de papel. A medida que me llegan las ideas, le doy gracias a Dios y las escribo. Al hacer eso, no tengo que tratar de recordar lo que el Señor me dijo, sino que puedo regresar mi atención a Él. No tener la presión de recordar detalles nos deja libres para entrar en un proceso creativo. En esta clase de tiempo de oración, no me acerco a Dios para recibir respuestas o dirección. Estoy allí simplemente para experimentar su amor. Pero he descubierto que en ese lugar de comunión y de amor, a Él le place darnos la revelación que satisface nuestro corazón. Simplemente, no quiero nada que se convierta en una carroza que me aleje de la oportunidad de deleitarme en el Señor. Así que recibo lo que me esté dando y luego regreso mi atención al Dador mismo otra vez.

EL FRUTO INEVITABLE

Como ya lo he dicho, necesitamos desarrollar la capacidad de sustentar una gran pasión y enfoque si queremos convertirnos en aquellos que le tienden emboscadas a Dios. Hay una expresión en las Escrituras que describe esta capacidad: *dominio propio*. El dominio propio es, en primera instancia y sobre todo, un fruto del Espíritu; lo cual significa que sólo puede conseguirse en la intimidad con Dios. El fruto de nuestra vida no es algo que producimos por medio de obras; es sencillamente la evidencia de aquello con lo que tenemos comunión espiritualmente. Dominio propio en nuestra vida es la evidencia del control y la influencia del Espíritu Santo en nosotros.

Hay mucha gente en el mundo que aparenta tener dominio propio, por tener una vida muy disciplinada en ciertas áreas. La religión provee muchas maneras de controlar nuestro comportamiento, como también lo hace la psicología popular, las drogas prescritas y las dietas. Pero la práctica de estas disciplinas falla al llevar a la persona al punto en que las cualidades de justicia, paz y gozo en el Espíritu Santo están continuamente presentes en sus vidas.

En contraste, aquellos que son más fructíferos en el Espíritu no necesariamente son los que ofrecen una primera impresión de ser controlados y disciplinados. Si llega a conocerlos, encontrará que son disciplinados, pero que esa *disciplina* no es el factor adecuado para medir el éxito de sus vidas. Es como entrar al hogar de una pareja proverbialmente amorosa y describir al esposo como disciplinado por el hecho de que va a trabajar y a la esposa como disciplinada por mantener la casa limpia y por preparar el almuerzo. Probablemente, la pareja respondería que la disciplina no tiene nada que ver con eso; si es disciplinada, eso solamente es fruto del amor y el compromiso mutuo.

Del mismo modo, el centro de la vida cristiana es la pasión por Dios, lo que define los límites de nuestra vida. El dominio propio es producto de vivir en pacto con Dios. Para demostrar el dominio propio, debemos ser capaces de ilustrar lo que es vivir en perfecta armonía con los valores del Espíritu de Dios. También mostramos dominio propio en la forma en que protegemos nuestra conexión con Dios de las otras influencias que pueden distraernos o disuadirnos. Pero el dominio propio no es sólo la habilidad de decir no a todas las opciones y voces contrarias a los valores del Reino de Dios, sino que también es la habilidad de decir sí a otras cosas de manera tan terminante que las otras voces y los otros valores sean silenciados. Jesús demostró esto mejor que nadie. Se enfocó para ir a Jerusalén y morir. Nada podía distraerlo de ese propósito.

Nosotros tenemos ese mismo desafío: enfóquese en sus propósitos, y experimentará el privilegio más grande conocido por la humanidad. Fije su rostro y verá el rostro de Dios.

CAPÍTULO VII

NUNCA más
el MISMO

A través de la historia, ha habido un gran número de personas que se han rehusado a conformarse con cualquier cosa que se haya convertido en la norma. Aplaudimos a los líderes políticos que son así, y lo mismo a aquellos que han sido innovadores en la educación y el entretenimiento. Los líderes en los negocios, y especialmente en la tecnología y la medicina, son aclamados por la sociedad cuando cruzan los confines de los logros pasados. Sin duda que se debe en gran parte a que sus logros traen grandes beneficios a las masas.

Sin embargo, las nuevas ideas son amenazadoras: tendemos a querer mantener distancia de los emprendedores osados. Las ideas que terminaron siendo más duraderas y perseverantes, usualmente fueron rechazadas al principio. Más tarde, fueron toleradas y al final llegaron a ser aceptadas.

Los líderes espirituales que viven como pioneros, a la vanguardia, sufren el mismo conflicto. Comúnmente, también son los más propensos a ser rechazados al principio. Por lo general, sus oponentes harán todo cuanto esté en sus manos para silenciar las voces que afirman que hay más. Nuestra comodidad se ha convertido en un ídolo tan tremendo que muchos se han quedado ciegos ante la frontera profética de las Escrituras. Pero otros se rehúsan a conformarse con lo que hay en el presente, porque han podido ver que existe mucho más que puede alcanzarse, como lo mostró la vida de Jesús.

La vida de Jesús confirmó que hay más. Y para empujarnos a nuestro destino, dijo: "Mayores obras que estas hará, porque yo voy al Padre" (Juan 14:12, RVR60). Es difícil de imaginar, pero Jesús declaró que habría una generación que iría aun más *lejos* que Él en cuanto a sus obras.

> *Hoy existe una nueva generación de creyentes. Puede que se vean diferentes entre sí, pero son conocidos por su amor y fe.*

Las Escrituras registran historias de muchos revolucionarios como esos. Otras se han escrito en diferentes libros con mérito histórico, dándonos un testimonio comprobado de que Dios es el mismo ayer, hoy y siempre.

Estamos en medio de una ola de cambios; una reforma que impactará la sociedad desde todos los frentes.

Eso está ocurriendo, en general, porque hoy existe una nueva generación de creyentes. Tal vez se vean diferentes entre sí, pero son conocidos por su amor y fe. Ellos no están dispuestos a conformarse con lo que hay. Aunque haya una gran admiración hacia los que fueron antes que ellos, este grupo no se detendrá lo suficiente como para construirles un monumento o hacer un memorial. Es más, esta generación sabe que la mejor manera de honrar los logros pasados es construyendo sobre lo que alcanzaron.

LA VOZ DE LA HISTORIA

Sería muy fácil escribir un libro entero de testimonios que hablen de encuentros cara a cara con Dios. Algunos de nuestros más notables héroes de la fe tuvieron momentos en los cuales Dios invadió sus vidas en formas excepcionalmente únicas, hasta difíciles de creer. Sus vidas fueron cambiadas en forma dramática, casi en la misma proporción de la rareza de sus encuentros. Más aun, todos ellos pudieron manifestar un aspecto de los cielos con los recuerdos de sus vidas y marcaron senderos para los futuros creyentes.

En la presente sección, he seleccionado varias historias de algunos que dejaron su marca en la historia. Esas personas trajeron avivamiento y son algunos de mis héroes preferidos, de ellos sólo uno está vivo hoy. Ellos ayudaron a darle forma al curso de la historia de la iglesia, que a su vez prefiguró al de la historia mundial. Aun con eso, todas sus experiencias fueron sólo una gota en el cubo de lo que está siendo liberado ahora mismo alrededor del mundo.

Lea estas historias acerca de esos encuentros divinos y su fruto. Sienta la misma hambre que esas personas sintieron. Luego, observe cómo Dios decide manifestarse como el Dios todopoderoso de su vida.

EVAN ROBERTS

Evan Roberts fue la chispa que encendió el gran avivamiento de Welsh ocurrido entre 1904 y 1906. Durante ese período, más de cien mil almas recibieron salvación, dando lugar a una transformación completa a escala nacional. Pero aun más importante que eso, fue el hecho de que ese mover de Dios encendió el avivamiento de la calle Azusa, que desde entonces ha ido por el mundo entero.

Evan tuvo una serie de experiencias inusuales con Dios, incluyendo un número de encuentros cara a cara. Él describió esos encuentros en una entrevista con W.T. Stead, el editor del periódico británico *Reviews of Reviews*. Esa entrevista se cita en el libro de Stead llamado *La historia del avivamiento Welsh*, escrito en 1905:

> Por mucho, mucho tiempo, me sentí muy atribulado en mi alma y en mi corazón al pensar acerca del fracaso del cristianismo… pero esa noche, después de haber estado en medio de mucha angustia orando acerca de eso, me fui a dormir, y a la una de la mañana fui despertado súbitamente… me encontré a mí mismo sintiendo un gozo inexplicable y supe que estaba en la presencia misma del Dios todopoderoso. Por espacio de cuatro horas tuve el privilegio de hablar cara a cara con Él, como un hombre habla cara a cara con su amigo. Como a las 5 de la mañana me pareció que había vuelto a la tierra. Eso no solo sucedió esa mañana, sino cada mañana durante tres meses… Lo sentí y al parecer cambió mi naturaleza por completo, ahora veía las cosas bajo una luz diferente, y supe que Dios iba a trabajar en la tierra, y no solo en esta tierra, sino en el mundo entero[1].

JOHN G. LAKE

John G. Lake fue un vendedor de seguros adinerado que fue tocado por Dios de una forma extraordinaria. Día y noche buscaba desesperadamente del Espíritu Santo.

Lake había tenido una experiencia más temprana en la que sintió lo que llamó "las olas de la santa gloria" por las que "ascendí a un nuevo ámbito de la presencia y el poder de Dios. Después de eso la respuesta a las oraciones se convirtió en algo frecuente y ocurrían sanidades de vez en cuando. Me sentí al borde de un gran ámbito espiritual, pero no era capaz de penetrar en él completamente, y mi naturaleza no estaba satisfecha con lo que había obtenido".[2]

En respuesta, buscó el rostro de Dios cada vez más, dedicando ciertas horas del día a la oración y manteniendo comunión con el Espíritu de Dios, a medida que conducía su negocio diariamente. Casi todas las noches después que sus negocios del día habían sido completados, Lake predicaba y ministraba. También se reunía con un grupo que tenía una forma de pensar semejante a la suya. Juntos se determinaron a "orar con fuerza" para alcanzar su meta: el bautismo completo del Espíritu Santo, en la forma en la que creían que los primeros discípulos lo habían recibido, con las señales que le siguieron.

Lake le dijo al Señor: "Dios, si me bautizas en el Espíritu Santo, y me das tu poder, nada podrá pararse en contra de mí y de una obediencia completa".[3]

Un día, el Señor le dijo: "Ten paciencia hasta el otoño" y Lake supo que sus oraciones habían sido escuchadas. Al caer una tarde, uno de sus compañeros ministros le pidió que lo acompañara al hogar de una mujer que había solicitado oración por sanidad. Por diez años, la mujer había estado en una silla de ruedas debido a un traumatismo. Mientras su amigo hablaba con la dama para prepararla para la oración, Lake se sentó en una silla pequeña que se encontraba en la gran habitación en la que estaban. Allí tuvo un encuentro poderoso con Dios:

Mi alma estaba clamando a Dios tan profundamente rendida que no tenía palabras, cuando de pronto sentí que había pasado por una cálida lluvia tropical, que no estaba cayendo encima de mí, sino a través de mí. Mi espíritu, alma y cuerpo, bajo esta influencia, se sumergieron en una calma tan profunda que jamás había conocido. Mi cerebro, que siempre había estado tan activo, se quedó perfectamente quieto. Y la conciencia de estar en la presencia de Dios me rodeó. Yo sabía que era Él.

Pasaron algunos momentos; no sé cuanto tiempo. El Espíritu dijo: "He oído tus oraciones, he visto tus lágrimas. Ahora estás bautizado con el Espíritu Santo". Luego, corrientes de poder empezaron a circular por mi ser, desde la coronilla hasta la punta de mis pies. Los choques de poder aumentaron en rapidez y voltaje. A medida que esas corrientes poderosas pasaban por medio de mí, parecían venir de encima de mi cabeza, y correr por todo mi cuerpo y mis pies hasta el suelo. El poder era tan grande, que mi cuerpo empezó a vibrar intensamente de tal manera que pensé que de no haber estado sentado en una silla tan pequeña, hubiera caído al piso.[4]

En ese punto, su amigo, sin haber notado el estado en el que se encontraba, invitó a Lake a ayudarle en oración. Lake casi no podía caminar, estaba temblando violentamente. Mientras su amigo continuó arrodillándose frente a la mujer en la silla de ruedas, Lake simplemente tocó su cabeza con cierta ligereza (para no asustarla con su temblor), y sintió "corrientes de poder santo" pasar a través de su cuerpo. Él sabía que la mujer también la sentía, aunque no dijo nada.

Mi amigo, que había estado hablando con ella en su gran urgencia, se había arrodillado mientras le hablaba. Se levantó diciendo: "Oremos para que el Señor la sane ahora". Mientras decía eso, la tomó de la mano. En el instante en que hicieron contacto, un destello de poder fue a través de mi persona y a través de la mujer enferma y, como mi amigo le sujetaba la mano, el choque de poder fue de su mano a él. Fue tan fuerte, que le hizo caer al piso. Levantó los ojos hacia mí con gozo y sorpresa, y poniéndose de pie dijo: "Alabado sea el Señor, John, Jesús te ha bautizado en el Espíritu Santo".

Luego, tomó aquella mano inválida, que había estado así por muchos años. Las manos encogidas se abrieron y las coyunturas empezaron a funcionar, primero los dedos, luego las manos y la muñeca, después los codos y los hombros.[5]

El mismo Lake estaba abismado ante la paz indescriptible y el gozo que fluía en su ser interno. Sintió que verdaderamente el Espíritu le había impartido una "fuente de agua que salte para vida eterna" (Juan 4:14). El amor de Dios se había derramado sobre él. Veía a las personas como ovejas perdidas, y el deseo apasionado de su alma se convirtió en proclamación del mensaje de salvación de Jesús, acompañado con poderosas sanidades y bendición.

La vida de Lake cambió para siempre. Dejó el mundo de los negocios y buscó un estilo de vida de maravillas y prodigios, del cual salió uno de los más notables ministerios de sanidad que el mundo haya conocido. Se mudó a Chicago en 1904 para recibir entrenamiento de parte del evangelista John Alexander Dowi. Fue un tiempo de limpieza profunda, durante el cual la fuerza de los dones espirituales de Lake aumentó, especialmente el de sanidad.

Después de pastorear una iglesia por un breve período en Indianápolis, Lake se mudó con su familia a Sudáfrica en 1908. En un período de cinco años, había plantado 625 iglesias, formado a 1,250 pastores y visto a 1,000,000 de personas llegar a los pies de Cristo.[6]

Su paz fue muy intensa, a pesar de la muerte de su esposa. Así que en 1913, Lake regresó a Estados Unidos con sus siete hijos, donde se volvió a casar y se hizo cargo de un ministerio itinerante. Dos de sus viajes al área del Pacífico Noroccidental, a Spokane, Washington, y Portland, Oregón, resultaron en el establecimiento de los "salones de sanidad", por lo cual Lake es mayormente conocido hoy en día. En cierta ocasión, Spokane fue declarada "la ciudad más sana de los Estados Unidos", después de que ocurrieron cien mil sanidades verificadas en un período aproximado de cinco años. La gente viaja desde lejos para recibir el toque de Dios en uno de sus salones de sanidad.[7]

CHARLES FINNEY

Charles Finney fue un abogado que se convirtió en un hombre de avivamiento. La experiencia que tuvo con Dios cambió su vida completa, capacitándolo para traer una gran transformación a la nación. Aquí está su historia en sus propias palabras.

Ya por la tarde, habíamos arreglado los libros y los muebles; y me acomodé, en una chimenea abierta, con buen fuego, con la esperanza de pasar la noche solo. Cuando apenas oscureció, Squire W__, comprobando que todo estaba en orden, me deseó buenas noches y

*se fue a su casa. Lo acompañé a la puerta, y mientras
la cerraba y me volteaba, mi corazón pareció haberse
hecho líquido dentro de mí. Parecía que todos mis sentimientos se levantaban y desbordaban, y la urgencia
de mi corazón era: "Quiero derramar mi alma completa delante de Dios". Mi alma estaba tan exaltada, que
corrí de regreso a la oficina del frente a orar.*

*Allí no había fuego, ni luz, sin embargo, me parecía
que estaba perfectamente iluminado. Mientras entraba
y cerraba la puerta, fue como si me hubiera encontrado
con el Señor Jesús cara a cara. Ni se me ocurrió pensar
que se trataba meramente de un estado mental. Al contrario, me pareció que lo vi como podía haber visto a
cualquier otro hombre. No dijo nada, pero me miró de
tal modo que me quebranté a sus pies. Desde entonces,
he considerado eso como el estado mental más importante, pues parecía que Él estaba de pie ante mí, y yo
caí a sus pies derramándole mi alma. Lloré en voz alta
como un niño e hice la confesión que me permitía mi
alma impactada.*

*Debí continuar en ese estado por un buen rato,
pero mi mente estaba tan absorbida con la entrevista,
que no pudo recoger nada de lo que dije. Pero sé, tan
pronto como mi mente se calmó, que había regresado
a la oficina del frente y encontré que el fuego que había
hecho con grandes trozos de madera estaba casi totalmente consumido. Sin embargo, cuando estaba a punto
de volverme y sentarme junto al fuego, recibí el bautismo poderoso del Espíritu Santo. Sin ninguna expectativa de recibirlo, sin siquiera tener el pensamiento en*

mi mente de que algo semejante podía ser para mí, sin ningún registro de haber escuchado a alguien mencionar algo como eso en el mundo entero, el Espíritu Santo descendió sobre mí de tal forma que parecía correr a través de mí, mi cuerpo y mi alma. Podía sentirlo como una ola de electricidad, corriendo a través y por medio de mí. Es más, parecía moverse en forma de olas y olas de amor líquido; no puedo expresarlo de otra manera. Era como el aliento mismo de Dios. Puedo recordar distintivamente que lo sentía abanicarme, como si fuesen unas alas inmensas.

No hay palabras que puedan expresar el maravilloso amor que fue derramado en mi corazón. Lloré en voz alta de alegría y con amor, y, no sé, pero debería decir que eso provenía literalmente de mi corazón. Esas olas vinieron sobre mí, una y otra vez, una tras otra, hasta que recuerdo que grité: "Si estas olas continúan pasando sobre mí, voy a morir". Además, dije: "Señor, no puedo soportar esto más", sin embargo, no temía morir.

No sé por cuanto tiempo continué en ese estado, pero era tarde en la noche cuando un miembro de mi coro vino a verme. Era miembro de la iglesia. Me encontró en ese estado de llanto en voz alta, y me dijo: "Señor Finney, ¿qué le sucede?". No pude responderle por cierto tiempo. Luego, dijo: "¿Siente dolor?". Me compuse lo mejor que pude, y le respondí: "No, pero estoy tan feliz, que no puedo vivir".

El hombre se fue de la oficina y, en pocos minutos, regresó con uno de los ancianos de la iglesia, cuya tienda estaba cruzando la calle de nuestra oficina. Ese líder

*era un hombre muy serio, y en mi presencia había sido
muy sobrio, rara vez le había visto reír. Me preguntó
cómo me sentía, y empecé a describirle el caso. En vez
de decir palabra alguna, cayó en una risa espasmódica.
Parecía que le era imposible detener esa risa que provenía de lo más profundo de su corazón.*

*Había un joven en el vecindario que estaba pre-
parándose para ir a la universidad, con quien yo era
muy cercano. Nuestro ministro, como después supe,
le había hablado en repetidas ocasiones acerca de la
religión, y le había advertido de no dejarse guiar mal
por mí. Él le había informado que yo era un joven muy
descuidado con respecto a la religión; y pensaba que si
se asociaba mucho conmigo, su mente iba a ser distraí-
da y no podría llegar a convertirse.*

*Después de que me convertí, y de que ese joven tam-
bién se convirtió, me contó que le había dicho al señor
Gale en muchas ocasiones, cuando le había advertido
acerca de asociarse mucho conmigo, que mis conversaciones le afectaban, en lo religioso, más que su predicación. En efecto, yo estaba muy apegado a ese joven.*

*Pero justamente en el momento en que le estaba
contando mis sentimientos al líder de la iglesia, y al
otro miembro que estaba con él, el joven entró a la
oficina. Yo estaba sentado de espaldas a la puerta, y,
vagamente, observé que entró. El joven escuchó con
asombro lo que yo estaba diciendo, y, de repente, cayó
al piso, y clamó en una agonía más profunda: "¡Ora
por mí!". El líder de la iglesia y el otro miembro se
arrodillaron y empezaron a orar por él, y después de*

que oraron, yo también lo hice. Poco después de eso,
todos se fueron y me dejaron solo.

La pregunta que saltó a mi mente fue: "¿Por qué
el líder B__ se rió? ¿Habrá pensado que estaba en
medio de una alucinación o que estaba loco?". Esa
idea trajo oscuridad a mi mente, y comencé a inquirir
si fue apropiado que yo —tan pecador como era—
orara por ese joven. Una nube pareció cernirse sobre
mí; no tenía a la mano nada en lo cual poder descan-
sar, así que en breve me retiré a la cama, no aturdido
en mi mente, sino perdido aún respecto de mi presente
estado. A pesar del bautismo que había recibido, esa
tentación oscureció tanto mi perspectiva, que fui a la
cama sin la seguridad de que había hecho las paces
con Dios.

Me dormí pronto, pero casi de inmediato volví a
despertar, consciente del gran fluir del amor de Dios
que estaba dentro de mi corazón. Estaba tan lleno de
amor, que no podía dormir. Pronto, me volví a dormir
y me desperté de la misma manera. Cuando desper-
té, la tentación regresaba a mí, y el amor que parecía
estar en mi corazón se abatía, pero tan pronto como
me volvía a dormir, me sentía tan cálido dentro de mí
que inmediatamente volvía a despertarme. Continué
así, hasta que tarde —en la noche— pude descansar.

Cuando desperté en la mañana, ya había salido el
sol, y vertía una luz clara en mi habitación. No hay
palabras que puedan expresar la impresión que esa
luz produjo en mí. Instantáneamente, el bautismo que
había recibido la noche anterior regresó sobre mí de la

misma manera. Me arrodillé en la cama y lloré en voz alta de alegría, y permanecí por mucho tiempo demasiado abrumado con el bautismo del Espíritu como para hacer otra cosa que no fuera derramar mi alma delante de Dios. Parecía como si el bautismo de esa mañana estuviera acompañado con una gentil reprobación, y el Espíritu parecía decirme: "¿Vas a dudar? ¿Vas a dudar?". "Clamé: "No, no voy a dudar; no puedo dudar". Luego, Él dejo tan claro el tema en mi mente, que fue imposible para mí dudar que el Espíritu de Dios hubiera tomado posesión de mi alma.

En ese estado, se me enseñó la doctrina de la justificación por la fe, como una experiencia actual. Esa doctrina nunca había hallado total cabida en mi mente, de tal modo que no la había visto como una doctrina distintiva y fundamental del evangelio. Es más, no sabía en absoluto qué significaba en su justo sentido. Pero ahora podía ver y entender lo que el pasaje "siendo justificados por la fe, tenemos paz para con Dios por medio de nuestro Señor Jesucristo" quería decir. Vi que en el momento en el que creí, mientras estaba en el bosque, todo sentido de condenación había desaparecido por completo de mi mente, y a partir de ese instante ya no podía sentir culpa ni condenación, ni siquiera esforzándome por sentirlo. Mi complejo de culpa se había ido, mis pecados se habían ido y creo que no sentí más culpa, como si nunca hubiera pecado.[8]

Aunque Finney es conocido por su prédica de avivamiento y reforma, hubo ocasiones en que la presencia de Dios en su vida

cambió a las personas que le rodeaban sin que tuviera que decir
una sola palabra.

*Había una fábrica de cartón cerca del arroyo Oriskany,
un poco más arriba de Whitesboro, el lugar ahora se llama Nueva York Mills. Le pertenecía a un señor W__, no
era convertido, pero era un caballero de una moral muy
alta. Mi cuñado, el señor G__ A__, era el superintendente de la fábrica. Me invitaron a ir y estuve allí una noche
y prediqué en la escuela del pueblo, que se llenó de oyentes. Pude ver que la palabra tuvo un efecto poderoso
sobre la gente que trabajaba en la fábrica. La mañana
siguiente, después del desayuno, entré a la fabrica, para
recorrerla. Al caminar, note que había mucha agitación
entre los que se ocupaban de los telares, las mulas y los
demás implementos de trabajo. Al pasar por uno de los
departamentos, en donde había un gran grupo de mujeres que estaban tejiendo, observé que dos de ellas me
veían y hablaban mutuamente; pude notar que estaban
muy agitadas y que se reían. Me acerqué lentamente a
ellas. Ellas vieron que me aproximaba y, evidentemente,
se pusieron nerviosas. Una de ellas estaba tratando de
componer una madeja, observé que sus manos temblaban de tal modo que no podía arreglarla. Me acerqué
lentamente mirando la maquinaria mientras pasaba;
pero observé que la joven cada vez se agitaba más y
más y ya no podía continuar con su trabajo. Cuando
ya estaba a unos dos o tres metros de las dos, la miré
solemnemente. Ella me miró, se veía vencida y encogi-
da, y estalló en lágrimas. La impresión captó la aten-*

ción de todos, y en unos instantes prácticamente todos en la sala estaban llorando. *Ese sentir se extendió en la fábrica. El señor W__, dueño del establecimiento, estaba presente; y al ver la situación, le dijo al superintendente: "Detenga el molino para que las personas atiendan a la predicación, pues es más importante la salvación de nuestra alma que el hecho de que esta fábrica funcione". La puerta se cerró y la fábrica se detuvo; ¿dónde más podíamos reunirnos? El superintendente sugirió que el salón de las mulas era bastante grande, y que al haber sido detenidas las mulas también habían sido sacadas, por lo que podíamos reunirnos allí. Así lo hicimos, y esa fue la reunión más poderosa a la que he asistido. Continuó con gran poder. El avivamiento corrió por el molino con impresionante poder, y al cabo de pocos días casi todos allí se convirtieron.*[9]

La marca de Finney en la historia es asombrosa. Demostró que la vida jamás vuelve a ser la misma después de un encuentro cara a cara con Dios.

El simple hecho de sentarse ante la presencia de Finney después de ese incidente, hizo que su jefe también corriera al bosque y le rindiera su vida a Cristo. Finney continuó encendiendo las naciones con avivamiento y evangelización. El día siguiente, entró al culto de oración de una iglesia y, a medida que caminaba, la gente caía al piso confesando sus pecados.

Finney también enfrentó resistencia. Un hombre llevó una pistola a una de las reuniones con la intención de matarlo, pero antes de lograrlo fue asaltado por la convicción y el arrepentimiento. En otra ocasión, un pastor intentó mantenerlo alejado de su pueblo, amenazándolo con detenerlo a punta de cañón. Otro pastor que denunció públicamente a Finney en su iglesia, murió inmediatamente después de haber hablado de él.

En una ciudad a donde Finney viajó, en primera instancia encontró resistencia, pero cuando empezó a predicar, el temor comenzó a alcanzarlos a todos y cayeron al suelo arrepentidos. "Si hubiese tenido una espada en cada mano, no hubiese podido cortarlos con la misma rapidez con la que cayeron", expresó. Muchos tenían que ser llevados en brazos fuera de la reunión, que duró toda la noche. En otra ciudad, la décima parte completa de la población se convirtió.

Después de una vida de evangelismo itinerante, Finney enseñó teología en la Universidad de Oberlin. Además, se le acredita el haber ganado más de medio millón de almas. También denunció la esclavitud y les permitió a las mujeres hablar en la iglesia en una época en la que semejantes cosas eran muy poco populares.[10]

SMITH WIGGLESWORTH

Smith Wigglesworth era un plomero que no sabía escribir y era incapaz de hablar en público. Prefería orar tras bambalinas mientras su esposa se encargaba de la predicación. Pero después de su encuentro con Dios, fue transformado en un poderoso sanador de avivamiento.

Por cuatro días, lo único que deseaba era a Dios. Pero después de eso, sentí que debía ir a casa, y fui a la vicaría episcopal a despedirme. Le dije a la señora Boddy, la esposa del vicario: "Me voy, pero aún no he recibido mis lenguas". Ella respondió: "No son lenguas lo que usted necesita, sino el bautismo". "Ya lo recibí, hermana", protesté, "pero me gustaría que ponga sus manos sobre mí antes de irme". Ella puso sus manos sobre mí y después tuvo que salir de la habitación. El fuego cayó. Fue un tiempo maravilloso el estar a solas con Dios. Él respiró en mí con poder. Tuve conciencia de la limpieza de la sangre preciosa, y clamé: "¡Limpio! ¡Limpio! ¡Limpio!". Fui lleno con el gozo de ser consciente de esa limpieza. Recibí una visión en la cual vi al Señor Jesucristo. Vi la cruz vacía y a Jesús exaltado a la diestra de Dios Padre. No pude hablar más en inglés y empecé a hacerlo en otras lenguas que el Espíritu de Dios me daba. Supe entonces, que aunque antes había recibido unciones, ahora había recibido el verdadero bautismo en el Espíritu Santo, como lo recibieron en el día de Pentecostés.[11]

Después de que la señora Boddy oró por él, Wigglesworth le envió un telegrama a su esposa que, junto al resto de los creyentes, no creían en un bautismo separado del Espíritu Santo, ni en el don de lenguas. El telegrama fue enviado un martes 28 de octubre de 1907, y decía: "He recibido el bautismo del Espíritu Santo y hablé en lenguas".[12]

Polly Wigglesworth le respondió a su esposo:

"Quiero que entiendas que yo estoy tan bautizada como tú y no he hablado en lenguas… He predicado por veinte años y te has sentado junto a mí en la plataforma, pero este domingo vas a predicar tú y yo voy a ver qué hay en todo esto." Aunque Wigglesworth había estado siempre involucrado en la obra, sufría mucho al hablar en público y, por eso, le dejaba toda la tarea de predicación a su esposa. Él tenía que ganar primero a su esposa antes de alcanzar la aprobación del resto de la congregación de la misión.

Polly tiró los guantes y se sentó el domingo siguiente en una banca al final del salón. Cuando llegó la hora del mensaje, Smith caminó los tres pasos que necesitaba para llegar a la plataforma y mientras lo hacía, Dios le dio el mensaje de Isaías 61:1-3. *"El Espíritu de Dios está sobre mí…"* y lo estaba. Smith predicó elocuentemente bajo una gran unción del Espíritu sin quebrantarse ni llorar como lo hacía en ocasiones anteriores. El propio Smith dijo: *"De repente, sentí una palabra profética fluyendo como un río en el poder del Espíritu Santo".*

Polly no podía creer lo que estaba viendo y escuchando. Se paraba y se sentaba en la banca, luego dijo en un murmullo —pero lo suficientemente fuerte como para que aquellos que estuvieran alrededor de ella la escucharan—: *"Ese no es mi Smith, ese no es mi Smith… increíble, increíble… ¡qué le ha pasado a este hombre!".*

Él, en efecto, era diferente. Primero, el secretario de la misión, luego su hijo George, después todos, querían lo que él tenía y la reunión terminó en una risa santa con muchos de la congregación dando vueltas en

el piso. Ese fue solo el principio, y los años que siguie-
ron vieron su ministerio crecer y desarrollarse.[13]

Esta es una de mis historias favoritas. Ilustra que hay diferentes medidas de la presencia de Dios sobre una vida. Esta anéc-
dota de la vida de Wigglesworth me hace desear mucho más.

Había once líderes cristianos congregados en oración
con nuestro hermano en una reunión especial una tar-
de. Cada uno había tomado una parte. El evangelista
empezó a orar por el dominio y, mientras seguía oran-
do, cada uno de los líderes, de acuerdo a la medida de
su espiritualidad, fueron saliendo de la habitación. El
poder de Dios llenó la habitación y no podían perma-
necer en una atmósfera saturada por el poder de Dios.

Uno de los presentes en esa reunión le dijo al autor,
que hizo un voto, que de tener nuevamente una opor-
tunidad como esa, permanecería en la habitación sin
importar el costo, ni quien hubiera salido. Durante una
estadía en Sounds, se convocó a una reunión especial
para orar por los otros pueblos de Nueva Zelanda que
aún no habían sido visitados. Una situación semejante
a la de la otra reunión tuvo lugar. Aquí estaba la opor-
tunidad, el desafío. Varias personas oraron. Luego el
santo anciano empezó a alzar su voz y, por extraño
que parezca, el éxodo empezó. Una influencia divina
comenzó a llenar el lugar. La habitación se santificó. El
poder de Dios empezó a sentirse como un gran peso.
Con el rostro firme y la determinación de no rendirse,
el otro hombre que permanecía en el salón trataba de

aguantar, hasta que la presión se hizo tan fuerte, que ya no pudo quedarse por más tiempo. Con las puertas de su alma abiertas la derramó en un río de lágrimas, y con sollozo incontrolable, tuvo que salir o morir; y el hombre que conocía a Dios como pocos lo conocen se quedó solo, inmerso en una atmósfera en la que pocos pueden respirar.[14]

Recuerde que esa admirable experiencia le ocurrió a una persona poco común, y permita que le anime a calificar para recibir más del Espíritu de Dios por causa de un hambre sin restricciones de Dios.

Después de eso, todo cambió para Wigglesworth. Sólo tenía que caminar en frente de las personas y ellas caían bajo la convicción del Espíritu Santo y corrían a los pies de Jesús buscando salvación. Los milagros y las sanidades aumentaban. La gloria de Dios caía en todo lugar donde orara o predicara.

Los ciegos veían, los sordos oían, enfermos de cáncer eran sanados y aquellos en sillas de ruedas empezaban a caminar otra vez. Además los muertos resucitaban, catorce en total en el curso de su ministerio evangelístico. En una ocasión, que llegó a ser famosa, él y un amigo fueron a orar por una mujer enferma que se encontraba en el hospital. Mientras oraban, la mujer murió. Wigglesworth no estaba dispuesto a aceptar el resultado. Sacó su cuerpo de la cama y la paró contra la pared, diciendo: "En el nombre de Jesús, reprendo la muerte". El cuerpo de la mujer empezó a temblar. Luego, él dijo: "En el nombre de Jesús, camina", y ella caminó.[15]

Ese plomero iletrado viajó por todo Europa, Asia, Nueva Zelanda y los Estados Unidos. Cuando las multitudes eran tan grandes como para que orara por las personas individualmente, empezaba a hacer lo que llamaba "sanidad al por mayor".

Durante eso, hacía que todas las personas que necesitaban sanidad pusieran sus manos sobre sí mismos mientras él oraba. Mucha gente —en ocasiones, miles de personas— eran sanadas simultáneamente.[16]

El ministerio de Wigglesworth se basaba en cuatro principios: primero, la lectura de la Palabra de Dios. Segundo, consumir la Palabra de Dios hasta que esta la consuma a usted. Tercero, creer en la Palabra de Dios. Cuarto, actuar según la Palabra de Dios.[17]

T.L. OSBORN

T.L. Osborn fue a la India sin el éxito que esperaba tener. Le había dicho a su esposa que si veía a Jesús, su vida sería transformada.

La mañana siguiente, a las seis en punto, fue despertado por una visión en la que Jesucristo entraba a nuestra habitación. Lo miré. Lo vi como se ve a cualquier persona. No hay lengua alguna que pueda hablar de su belleza y su esplendor. No hay lenguaje que pueda expresar la magnificencia y el poder de su persona. De todo lo que había leído y escuchado acerca de Él, ni siquiera la mitad me había sido dicho. Sus manos eran hermosas; parecían vibrar con habilidad. Sus ojos eran como corrientes de amor, y se derramaban en lo más profundo de mí. Cuando salí de aquella habitación, era un hombre nuevo. Jesús se había convertido en el Señor de mi vida. Supe la verdad. Él está vivo; es más que una religión muerta. Mi vida fue transformada. Nunca volví a ser el mismo. Todos los valores tradicionales empezaron a desvanecerse y cada día aumentaba en mí una sensación de reverencia y serenidad. Todo era diferente. Quería complacerlo. Y eso es todo lo que ha importado para mí desde esa inolvidable mañana.[18]

Como resultado de ese encuentro cara a cara, T.L. Osborn le mostró a Jesús al mundo.

Su logro fue el cumplimiento de Hechos 4:33. Él escribe: En medio de la gente de estas muchas naciones del mundo, con gran poder (nosotros) dimos testimonio de la resurrección del Señor Jesús, y una gracia tremenda está sobre todos nosotros". Él hizo lo que Jesús prometió y obras mayores a las que el Señor hizo. Aquí hay un resumen de los alcances de su ministerio en setenta naciones del mundo.

Él escribió:

Vimos cientos de sordomudos perfectamente restaurados. Vimos a grandes cantidades de ciegos recibir instantáneamente la vista, tantos como noventa casos en un solo día de campaña evangelística. Vimos a paralíticos sin esperanza restaurados, personas que habían estado tanto tiempo como cuarenta y dos años, levantarse y caminar. Personas en catres y camillas levantarse y ser hechos completos. Vimos tímpanos, pulmones, riñones, costillas y otras partes del cuerpo que habían sido extirpadas en operaciones, ser reconstruidas y restauradas por el poder creador de Dios. Vimos a los incurables sanar, al cáncer morir y desvanecerse, leprosos ser limpiados, incluso, a muertos resucitar. En una sola campaña que realizamos, ciento veinticinco sordomudos, un total de noventa ciegos y cientos de otras liberaciones igualmente milagrosas tuvieron lugar. Las confesiones gozosas y felices de Cristo como Salvador han llegado hasta un número de 50,000 en una sola cruzada, comúnmente miles en una noche. Lo que hemos visto a nuestro Señor hacer en el pasado es un ejemplo de lo que está ansioso por hacer en toda nación bajo el cielo.[47]

El apóstol Pablo

Pablo odiaba a los cristianos, y parecía ser un candidato muy poco probable para un encuentro con Dios. Sin embargo, Él lo escogió y fue transformado. Lo siguiente es el registro de ese encuentro que encontramos en *La Biblia en Lenguaje Sencillo.*

Saulo estaba furioso y amenazaba con matar a todos los seguidores del Señor. Por eso fue a pedirle al jefe de los sacerdotes unas cartas con un permiso especial. Quería ir a la ciudad de Damasco y sacar de las sinagogas a todos los que siguieran las enseñanzas de Jesús, para llevarlos presos a la cárcel de Jerusalén. Ya estaba Saulo por llegar a Damasco cuando, de pronto, desde el cielo lo rodeó un gran resplandor, como de un rayo. Saulo cayó al suelo, y una voz le dijo: "¡Saulo, Saulo! ¿Por qué me persigues?". "¿Quién eres, Señor?", preguntó Saulo.

"Yo soy Jesús" —respondió la voz—, "es a mí a quien estás persiguiendo. Pero levántate y entra en la ciudad, que allí sabrás lo que tienes que hacer".

Los hombres que iban con Saulo se quedaron muy asustados, pues oyeron la voz, pero no vieron a nadie. Por fin, Saulo se puso de pie pero, aunque tenía los ojos abiertos, no podía ver nada. Entonces lo tomaron de la mano y lo llevaron a la ciudad. Allí Saulo estuvo ciego durante tres días, y no quiso comer ni beber nada. En Damasco, vivía un seguidor de Jesús llamado Ananías. En una visión que tuvo, oyó que el Señor lo llamaba: "¡Ananías! ¡Ananías!". "Señor, aquí estoy", respondió. Y el Señor le dijo: "Levántate y ve a la calle Recta. En la casa de Judas, busca a un hombre de la ciudad de Tarso. Se llama Saulo, y está orando allí. Yo le he mostrado a un hombre llamado Ananías, el cual llegará a poner sus manos sobre él para que pueda ver de nuevo". "Señor" —respondió Ananías—, "me han contado muchas cosas terribles que este hombre les ha hecho a tus seguidores en Jerusalén. ¡Hasta el jefe de los sacerdotes le ha dado permiso para que atrape aquí en Damasco a todos los que te adoran!". Sin embargo, el Señor le dijo: "Ve, porque yo he elegido a ese hombre para que me sirva. Él hablará de mí ante extranjeros y reyes, y ante el pueblo de Israel. Yo le voy a mostrar lo mucho que va a sufrir por mí". Ananías fue y entró en la casa donde estaba Saulo. Al llegar, le puso las manos sobre la cabeza y le dijo: "Amigo Saulo, el Señor Jesús se te apareció cuando venías hacia Damasco. Él mismo me mandó que viniera aquí, para que puedas ver de nuevo y para que recibas al Espíritu Santo". Al instante, algo duro, parecido a las escamas de pescado, cayó de los ojos de Saulo, y este pudo volver a ver. Entonces se puso de pie y fue bautizado. Después de eso, comió y tuvo nuevas fuerzas. Saulo pasó algunos días allí en Damasco, con los seguidores de Jesús, y muy pronto empezó a ir a las sinagogas para anunciar a los judíos que Jesús era el Hijo de Dios. Todos los que lo oían, decían asombrados: "¡Pero si es el mismo que allá en Jerusalén perseguía y maltrataba a los seguidores de Jesús! ¡Precisamente vino a Damasco a buscar más, para llevarlos atados ante los sacerdotes principales!".

Y cada día Saulo hablaba con más poder del Espíritu Santo, y les probaba que Jesús era el Mesías. Sin embargo, los judíos que vivían en Damasco lo escuchaban pero no entendían nada. Tiempo después se pusieron de acuerdo para matarlo, pero Saulo se dio cuenta de ese plan. Supo que la entrada de la ciudad era vigilada de día y de noche, y que habían puesto hombres dispuestos a matarlo. Así que, una noche, los seguidores de Jesús lo escondieron dentro de un canasto y lo bajaron por la muralla de la ciudad.

Saulo se fue a la ciudad de Jerusalén, y allí trató de unirse a los seguidores de Jesús. Pero estos tenían miedo de Saulo, pues no estaban seguros de que en verdad él creyera en Jesús. Bernabé sí lo ayudó, y lo llevó ante los apóstoles. Allí Bernabé les contó cómo Saulo se había encontrado con el Señor Jesús en el camino a Damasco, y cómo le había hablado. También les contó que allí, en Damasco, Saulo había anunciado sin miedo la buena noticia acerca de Jesús.

Desde entonces Saulo andaba con los demás seguidores de Jesús en toda la ciudad de Jerusalén, y hablaba sin miedo acerca de Jesús el Señor (Hechos 9:1-28, La Biblia en Lenguaje Sencillo).

El efecto del encuentro cara a cara de Pablo es tan obvio que hay muy poco que decir. Él trastornó el mundo. El Señor lo transformó y usó su entrenamiento pasado para convertirlo en el intérprete perfecto del Viejo y el Nuevo Pacto. Fue él quien guió a una iglesia novata a través de asuntos teológicos increíblemente complejos. Con su enseñanza, valor, amor sacrificado y señales milagrosas dio a luz muchas de las iglesias de las cuales luego emergieron avivamientos que se extendieron por el mundo entero. El Espíritu lo ungió en su pensamiento y su obra de manera tal que sus "cartas noticiosas" fueron reconocidas en sus iglesias como Escritura inspirada por Dios. Junto a Jesús, es considerado por creyentes y no creyentes, como uno de los hombres más influyentes que jamás haya vivido.

HEIDI BAKER

Heidi y Rolland Baker son mis héroes particulares, como lo son para prácticamente todo el que los conoce. Heidi pasó la mayor parte de su vida en medio de los pobres. Pero fue su inusual encuentro con Dios lo que la capacitó para iniciar la transformación de una nación por medio de señales y maravillas.

Aunque habían trabajado ya por diecisiete años como misioneros en Mozambique, sólo habían visto ciertos progresos marginales. Anhelaban más. En palabras de Heidi: "Rolland y yo amábamos tanto la presencia manifiesta de Dios, que ansiábamos estar en todo lugar en que estuviera derramando su Espíritu".[20]

Hicieron varios viajes a Toronto para visitar el Toronto Airport Christian Fellowship. Y precisamente allí se encontraban en enero de 1998, cuando Randy Clark predicaba acerca de la unción apostólica. De repente:

Apuntó a mí y dijo: "Dios te está preguntando: '¿Quieres a Mozambique?'". Experimenté el fuego celestial de Dios cayendo sobre mí. Sentía tanto calor, que literalmente pensé que iba a consumirme y morir. Recuerdo que grité: "Señor, me estoy muriendo". Oí lo que Dios habló claramente a mi corazón: "¡Qué bueno, te quiero muerta!". Me quería totalmente vaciada del yo para que Él pudiera depositar más de su Espíritu en mi vida.

No pude moverme por siete días. Rolland tenía que cargarme y llevarme. Tenía que ser llevada en brazos al baño, al hotel y de vuelta a la reunión. El peso de su gloria estaba sobre mí. Me sentía tan pesada, que no podía ni levantar mi cabeza. Algunas personas que pasaban, pensaban que era gracioso que una persona estuviera en el piso por tanto tiempo. Si me ponían en una silla, me iba directo al suelo otra vez. Estaba absolutamente desvalida. Prácticamente, no pude hablar en esos siete días. Esa presencia santa, terrible, impresionante de Dios, cambió por completo mi vida. Nunca me había sentido tan humilde, nunca me sentí tan *pobre,* tan desvalida, tan vulnerable. Incluso necesitaba ayuda para beber agua. No había nada de gracioso en eso. Fue el tiempo más santo. Aprendí más en esos siete días que en diez años de estudio teológico académico.

El Señor me habló de la importancia de volver a conectarnos con Él. Me mostró la importancia del Cuerpo de Cristo. Nos había tomado diecisiete años sembrar cuatro iglesias, dos de las cuales eran bastante débiles. Mientras estuve allí, embebida en su presencia, me habló de cientos de iglesias siendo plantadas en Mozambique. Recuerdo que reí histéricamente, pensando: ¡Voy a tener que vivir doscientos años para ver esa promesa cumplida![21].

Heidi había sido el tipo de persona A, luchando para lograr cosas por su propia fuerza. Ella dice que aun su madre le contó que de niña, solía poner en una fila a todos los pequeños del preescolar para que la siguieran. Pero ahora se encontraba quebrantada. Heidi escribió: "Pensé que había dependido de Él para plantar esas iglesias cuando realmente había dependido muchísimo de mis propias habilidades. Naturalmente, las cosas se movían de manera lamentable y lenta... Él me mostró cuánto necesitaba de Él y del Cuerpo de Cristo".[22] Efesios 4:1-6 tuvo para mí un nuevo significado:

Yo pues, preso en el Señor, os ruego que andéis como es digno de la vocación con la que fuisteis llamados, con toda humildad y mansedumbre, soportándoos con paciencia los unos a los otros en amor, solícitos en guardar la unidad del Espíritu en el vínculo de la paz.

Un cuerpo, y un Espíritu, como fuisteis también llamados en una misma esperanza de vuestra vocación; un Señor, una fe, un bautismo, un Dios y Padre de todos, y en todos.

Después de esa experiencia transformadora en Toronto, todo cambió en el ministerio de los Baker. Fueron reducidos a la dependencia suprema de Él. En el espíritu de Efesios 4:1-6, empezaron a enviar colaboradores a la obra como nunca antes, impartiendo la unción y delegando responsabilidades. Todos los hijos fueron enviados al ministerio. Y a medida que otros fueron liberados, el ministerio creció exponencialmente.[23]

He estado en Mozambique con Rolland y Heidi Baker y he visto el increíble impacto de su amor por la gente. De todos los milagros que he presenciado a lo largo de los años, se distingue uno ocurrido en mi reciente vista a ese lugar. Heidi estaba orando por un ciego. En efecto, el hombre solo tenía lo blanco de sus ojos. Era como si tuviera una capa lechosa y espesa sobre su ojo. Ella oró por él como una hora, pero nada ocurría. Finalmente le dijo que regresara al día siguiente. El hombre volvió y Dios lo sanó. Fue la segunda persona ciega sanada ese día. Ambos, junto a un gran número de creyentes, fueron llevados al otro lado de la calle, al océano, para ser bautizados.

El encuentro que tuvo Heidi con Dios ha sido impartido al grupo de líderes de su ministerio. Y básicamente el mismo encuentro que ella tuvo fue impartido sobre su equipo. Como resultado de ese derramamiento en esos líderes, que eran catorce, se han producido aproximadamente un millón de conversiones a Cristo. Cerca de seis mil huérfanos son alimentados diariamente, en algunas ocasiones gracias a la multiplicación de la comida. Les tomó diecisiete años plantar cuatro iglesias antes del encuentro de Heidi con el rostro de Dios, hoy han fundado más de seis mil en ocho años. Hasta el momento en que me encontraba escribiendo este libro, cerca de ocho personas han sido levantadas de la muerte. Los ciegos ven, los sordos oyen y los cojos caminan. Pueblos musulmanes enteros se han convertido a Cristo debido a esos milagros. Esta es una de las historias misioneras más grandes de todos los tiempos. Y sigue desarrollándose hoy, todo debido a la búsqueda del rostro de Dios.

Y ahora qué

Para mí es imposible escuchar las historias de esos hombres y mujeres de Dios y seguir siendo el mismo. Como resultado, el fuego que arde en mi alma se enciende y brilla aun más deseando más de Él. Por medio de sus testimonios sé que esas posibilidades existen y su búsqueda no tiene precio. Me han inspirado a arriesgarme por Dios y a buscarlo más. Pero sobre todo he aprendido a ser agradecido, aunque no satisfecho.

Recuerdo cuando era un niño y mis padres tenía visitas en casa. Siempre era emocionante para mí ser parte de la cena y de la diversión. Pero era tan doloroso tener que ir a la cama, cuando todavía allí, en esa sala, aún estaban los demás sentados y divirtiéndose. Escuchar el eco de las risas en mi habitación era una tortura. Me era imposible dormir en esa atmósfera. A veces, cuando no podía soportarlo más, me escurría en silencio en el pasillo, solamente para escuchar. No quería perderme nada. Si mis padres me agarraban, por lo general, me enviaban de regreso a la cama. Pero hubo unas pocas ocasiones en las que pensaron que mi curiosidad era lo suficientemente graciosa como para dejarme salir y estar con ellos un ratito más. ¡El riesgo valía la pena!

Otra vez estoy en ese pasillo. Y la idea de perderme algo que pueda ser la experiencia de mi generación es una tortura. Es imposible dormir en esta atmósfera, porque si lo hago, sé que perderé la razón por la cual estoy en este mundo.[24]

CAPÍTULO VIII

EL GOZO:
LA RECOMPENSA

*E*l nacimiento de Cristo se proclamó con esta declaración: "¡Les traigo noticias de gran gozo!".[1] Aparentemente, existe un gozo *normal* y también un gran gozo. La venida del Hijo de Dios a la tierra era la feliz noticia que traería a todo el que le recibiera.

Por razones que desconozco, una de las mayores ofensas en el actual mover de Dios es la manifestación de gozo. Cada temporada que trae un nuevo derramamiento de Espíritu Santo (avivamiento) presenta una nueva manifestación que ofende. Eso es necesario. Sólo cuando somos capaces de ir más allá del temor a la crítica que esa experiencia produce, estamos en posición de recibir lo que Dios tiene para nosotros. El temor al hombre es la esencia de una forma religiosa sin poder. Y la mayoría de nosotros estamos listos para examinar lo que Dios está haciendo, a fin de analizarlo y controlarlo para sentirnos cómodos. Este es el camino a la muerte. Y debemos vencerlo.

La gente parece no encontrar problemas en la idea del gozo como un valor teológico, pero desdeñan el que pueda ser una experiencia vívida, y particularmente una expresión congregacional. Les parece desordenada. Y lo es. Pero, ¿qué orden viola el gozo?

Orden desordenado

Estuve presente en el nacimiento de mis tres hijos. Fue una experiencia maravillosa, asombrosa y muy delicada. Aunque los doctores podían decir que todo estaba "decente y en orden", a mí no me lo pareció. Pese a que hubo risas y celebración, también había un reguero terrible, dolor y lágrimas. Eso no parecía molestarles a las personas que estaban a cargo. Pero para quien no haya sido iniciado en la experiencia, era caótico. La ausencia de pánico en las enfermeras y en los doctores ayudaba a tranquilizar cualquier inquietud que yo tuviera acerca de la situación.

> *El gozo parece ser ilógico. Y lo es. Pero, ¿qué orden es violado por el gozo?*

Me pregunto cuán comúnmente Dios habrá intentado hacer algo maravilloso por su pueblo, pero nos ponemos muy nerviosos y tomamos el control porque no nos sentimos cómodos con la situación. He llegado a entender que a Dios no le importa demasiado el que nos sintamos cómodos. Precisamente por eso fue que nos dio al Consolador: Porque planeó incomodarnos primero.

La más grande ofensa del gozo es la risa. El argumento se presenta continuamente: ¿dónde está eso en la Biblia? No es muy complicado. La risa es a la salvación lo que las lágrimas al arrepentimiento. No se nos ha ordenado llorar en un altar cuando llegamos a Cristo. Pero ocurre con mucha frecuencia, como debería.

Nuestro errado sistema de valores ha distorsionado la naturaleza de lo que es vivir con Cristo. "En tu presencia hay plenitud de gozo; delicias a tu diestra para siempre" (Salmo 16:11). ¿No son la risa y las lágrimas parte del gozo? ¿Acaso "plenitud" no significa que todas las partes están unidas en un todo, ya sea que incluya risa, sonrisas, felicidad interna o algo más? Aunque la risa no debiera ser nuestra única respuesta a su presencia, es una expresión aceptable y normal al estar con Dios.

He descubierto que requiere una fe mayor regocijarse en su presencia que llorar. Para regocijarme, tengo que creer que he sido aceptado por Dios. Yo solía llorar y sentirme indigno. Tras ello, se escondía mi incapacidad de ver que era aceptado por Dios. Pero cuando las personas descubren que no sólo son aceptables para Dios, sino que también Él se deleita en ellos, ¡es tiempo de regocijarse! Y si usted quiere gozo, regocíjese.

LO DESCOMPLICADO DE COMPLICARSE

Gran parte de la cultura cristiana actual ha adoptado, sin intención, estilos de vida y patrones de pensamiento que le permiten a la gente tener ataduras pesadas y desánimo como si fuera algo normal. Ese hábito comúnmente nos conduce a la fortaleza de la incredulidad. En este modo, mejor aplaudimos a las lágrimas que a la risa, a la pobreza que a la riqueza y a la persistencia de la aflicción que a la respuesta rápida y a las victorias.

Nuestra perspectiva debe cambiar. Una visión incorrecta del sufrimiento es lo que le ha permitido al caballo de Troya de la enfermedad entrar a través de las puertas de la comunidad de los redimidos. Entender mal este tema tan simple ha invitado al ladrón a entrar por la puerta principal, que es comúnmente escoltado por la enseñanza que se predica desde nuestros grandes púlpitos.

Los sufrimientos de Jesús se concretaron en la persecución que soportó y en el peso que llevó por su pueblo. Él no sufrió con enfermedad. Eso debe sacarse de nuestro ideario sobre el sufrimiento cristiano. Es inútil llevar algo bajo el disfraz de la voluntad de Dios cuando eso fue algo cuyo poder sobre nosotros fue destruido por Él. Un concepto adicional que debemos recordar es que Él sufrió para que nosotros *no tuviéramos* que sufrir. Por ejemplo, sufrió latigazos en su cuerpo, aplicados por un soldado romano, para que estos se convirtieran en el pago por nuestra sanidad.[2]

Si el sufrimiento de Jesús fue insuficiente, entonces ¿qué consiguió con él? Este error, si es sostenido, trae a cuestionamiento todo lo que tiene que ver con la conversión y el perdón de pecados. Es cierto que los sufrimientos de Jesús aún no han sido completados,[3] pero estos tienen que ver con nuestro llamado a vivir en santidad en medio de un mundo impío. Eso trae una presión sobre nuestras vidas que va desde la persecución por causa de Cristo a la carga que llevamos en la intercesión al presentar ante nuestro Padre al perdido.

Hay pocas declaraciones proféticas más apropiadas para ese momento que las palabras de Oseas:

"Mi pueblo perece por falta de conocimiento."

—Oseas 4:6

La ignorancia que se exalta a sí misma con un falso sentido de logro al cumplir con requerimientos religiosos es uno de nuestros más grandes enemigos. La ignorancia produce tolerancia. Y aquello que toleramos es lo que domina.

Cuando permitimos que la enfermedad, el tormento, la pobreza se enseñen como herramientas ordenadas por Dios y que Él las usa para hacernos más como Jesús, estamos participando en un acto extremadamente vergonzoso. No hay duda de que Dios puede emplearlas, como también es capaz de usar al diablo mismo para sus propósitos. (Él puede ganar con un par de dos.) Pero pensar que esas cosas son enviadas a nuestra vida por el *designio* de Dios, o que Él las aprueba, es minar la obra realizada en el Calvario. Para hacer algo así, es necesario haber ignorado la vida de Cristo y el propósito de la cruz. Ninguno de nosotros diría que Cristo murió por mis pecados, pero que aún espera que continúe atado a mis hábitos pecaminosos. Tampoco Jesús pagó por mi sanidad o mi liberación para que yo pudiera continuar en el tormento y la enfermedad. Su provisión de cosas como estas no es algo figurativa: es real.

Aun más, esto deshonra al Señor al descartar su obra para justificar nuestra dificultad de creer lo imposible. Es hora de regresar a la naturaleza del evangelio y predicarlo por lo que es. Esa es la respuesta para todo dilema, conflicto y aflicción sobre este planeta. Declárelo con valentía y obsérvelo invadir la tierra una vez más.[4]

¿Cuán grande es su demonio?

Este falso acercamiento a la vida cristiana también tiende a inflar el poder del diablo en la mente de los creyentes. En la atmósfera equivocada, la queja y la crítica se enmascaran como información que necesitamos en nuestra vida de oración; esa mentalidad nos aleja del reino en donde habitan la justicia, la paz y el gozo y nos lleva a una esfera pesada que enfatiza las estrategias del diablo y sus logros. No se nos ha mandado a guardar un registro de los logros del diablo. Se nos ha ordenado guardar el testimonio de las obras maravillosas de Dios en la tierra,[5] haciendo de ellas nuestro deleite y el objeto de nuestra fascinación y estudio.[6] Se nos ha mandado "Deleitarnos en su fidelidad" (Salmo 37:3). La atmósfera establecida a nuestro alrededor está determinada por lo que atesoramos (tesoro que se revela en nuestras conversaciones).

No es saludable tener un demonio grande y un Dios pequeño (poco práctico). No significa eso que Satanás no tenga poder o que deba ser ignorado.[7] El apóstol Pablo enseñó contrarrestar tal ignorancia. Simplemente no podemos darnos el lujo de dejarnos impresionar por quien tiene un poder restringido cuando servimos a un Dios que es todopoderoso. Yo trato de vivir de tal manera que nada sea mayor que mi conciencia de Dios. Cuando pierdo esa perspectiva, me doy cuenta que necesito arrepentirme, cambiar mi enfoque y volver al temor de Dios.

Permitir que las evidencias de la obra del diablo se enmascaren como verdad mina el gozo, ese rasgo evidente de aquellos que están en el Reino de Dios. La verdad se hace evidente sólo en la mente de Cristo, la que está dada al gozo. "En aquella misma hora se regocijó en el Espíritu" (Lucas 10:21). Aquí la palabra *regocijarse* sugiere *gritar* y *saltar*, una imagen muy distinta de la que nos dan las películas y los sermones.

LA MOTIVACIÓN DE JESÚS

Jesús vivió en perfecta obediencia, tanto en motivación como en acción. Todo lo que realizó lo hizo como un hombre que dependía de Dios. También sabemos que se deleitaba haciendo la voluntad del Padre. Pero fue éste quien añadió otro elemento a la ecuación: "Jesús, autor y consumador de la fe, el cual por el gozo puesto delante de él sufrió la cruz" (Hebreos 12:2). El Padre añadió una recompensa tan significativa, que traería al Hijo del Hombre a través del más grande sufrimiento jamás conocido por el ser humano. Y Aquel, que iba a realizar el pago supremo, recibiría la recompensa suprema: el gozo. Esa es la recompensa.

Hay un precio que pagar por seguir a Cristo. Pero también hay una recompensa por seguirlo. Destacar el costo sin la recompensa es algo mórbido. Atravesar el dolor de la disciplina por la razón que sea, debe tener un resultado digno de ese dolor. Cuando el Padre quiso darle la mejor recompensa a su propio Hijo, decidió darle gozo. ¿Qué va a hacer en el cielo la gente a la que no le gusta el gozo?

Jesús sabía que tal recompensa valía la pena. Es algo tan difícil de comprender. Sin embargo, el gozo en el cielo es una comodidad que no tiene precio, y por eso también se convirtió en la recompensa del creyente. "Bien, buen siervo y fiel... *Entra en el gozo de tu señor"* (Mateo 25:21, énfasis añadido). La implicación no es sólo que el gozo es la recompensa, sino que debemos entra en el gozo personal del Padre. "El que mora en los cielos re reirá" (Salmo 2:4). Es la naturaleza misma de Dios que lleguemos a disfrutar y a celebrar por la eternidad. Una parte de esa naturaleza puede ser vista en el gozo. Piense en él como en una mansión que ha heredado. Su gran privilegio es entrar en cada habitación del lugar maravillado y deleitado. Aunque es un honor estar allí, la contundente realidad es que esa es su herencia.

Nuestro gozo es resultado directo de estar ante el rostro de Dios. Estar continuamente llenos de gozo es el reflejo del deleite del Padre con nosotros.

Todo el ámbito sin fin del gozo del Padre es su posesión personal, y es suya para explorarla por la eternidad. Y para usted, la eternidad empezó en el momento en que nació de nuevo. Hay quienes piensan que hacer cosas para obtener una recompensa es algo carnal. El ejemplo de Jesús debe disipar ese entendimiento. Las recompensas son parte de la economía celestial y son una motivación legítima. Es más, aquellos que pierden de vista su recompensa no tienen una perspectiva saludable de la eternidad. Y no nos va bien cuando no tenemos la eternidad en mente.

EL GOZO DE SU ROSTRO

El gozo es una parte importante de la naturaleza del Padre. Lo experimentamos y lo heredamos como algo nuestro. "La justicia y el derecho son el fundamento de tu trono; la misericordia y la verdad van delante de tu rostro. ¡Cuán bienaventurado el pueblo que *sabe lo que es la voz de júbilo! Andan a la luz de tu rostro.* En tu nombre, se regocijan todo el día, y por tu justicia son enaltecidos" (Salmo 89:14-16, énfasis añadido).

Nuestro gozo es un resultado directo de estar ante el rostro de Dios. La continua llenura de gozo es el reflejo del deleite del Padre con nosotros. Aquellos que viven ante el rostro de Dios conocen la voz de júbilo pues ella es, de hecho, el sonido del cielo. No hay oscuridad en el cielo, ni siquiera sombras, porque la luz de su rostro está en todo lugar. Del mismo modo no hay desánimo ni depresión en el cielo, pues la voz de júbilo irradia del rostro de Dios. Orar para que el reino de Dios venga ahora "sobre la tierra como en el cielo" (Mateo 6:10) es en esencia una oración para que la atmósfera del cielo permanezca en la tierra, la atmósfera de gozo.

MENTALIDAD GOZOSA

Se ha dicho que la mente del niño se entrena con gozo a una edad temprana. Es como cuando un inspector establece límites y clava estacas en la tierra de un lote de terreno para marcar los límites del mismo. Así la capacidad de los niños para el gozo y la plenitud se establece por medio de sus relaciones con adultos amorosos que se deleitan en ellos. Esa es una parte del cerebro a la que algunos llaman el centro del gozo. Esta área es activada por medio del feliz encuentro de los padres al mirar a los hijos de su hijo. Esta experiencia de aprobación es en realidad su entrenamiento para el gozo.

El libro *Vive con el corazón que Cristo te dio*, nos dice:

"En los primeros dos años de un niño, el deseo de experimentar gozo en una relación amorosa es la fuerza más poderosa de la vida. De hecho, algunos neurólogos hoy afirman que la necesidad humana básica es la 'chispa en los ojos de alguien'. Cuando observa ese brillo en el rostro de una niña que está corriendo hacia un padre que la espera con los brazos abiertos y sin contener su alegría, usted es testigo del poder increíble que se genera al 'ser la chispa en los ojos de alguien'. Cuando ese gozo es la mayor fuerza en el mundo de un niño, la vida tiene sentido, porque los niños buscan momentos en los que puedan reconectar al gozo al estar con quien les ama. De manera maravillosa, aquel deseo inocente y puro que empieza en la niñez, continúa a lo largo de la vida. La vida tiene sentido y recibe poder del gozo cuando las personas se relacionan con aquellos que les aman y están sinceramente 'felices de estar con ellos'".[8]

Esto revela por qué muchas personas luchan con el asunto del gozo en la iglesia. Y aun más importante que eso, muestra por qué muchos tienen tan poco gozo en su vida. No han visto el favor ni la aprobación de su Padre celestial. La iglesia está inválida en gran parte de su vida cristiana porque la gente ve a Dios como alguien que anhela castigar en lugar de salvar, alguien que les recuerda el pecado, en vez de perdonar.

Jesús enseñó a sus discípulos a buscar el rostro de su Padre. Aquellos que alcanzan esa afirmación se dan cuenta de que son esa "chispa en sus ojos". Es en este lugar de intimidad con Dios en donde encontramos respuestas y soluciones. Con respecto a esto, Jesús dijo: "Hasta ahora nada habéis pedido en mi nombre; pedid, y recibiréis, *para que vuestro gozo sea completo*" (Juan 16:24, énfasis añadido). Una vez más vemos que el gozo es el resultado que se espera en una relación correcta con Dios. Es lo normal. Todo lo que sea menos que gozo, no es normal. Hay quienes enseñan como si para ser cristiano equilibrado fuese necesario tener una medida igual de gozo y de depresión. ¡Absurdo! El Reino de Dios es un reino de gozo. Y nunca se supone que debamos dejarlo.

EL GOZO TRAE FORTALEZA

Para mí uno de los lugares más sorprendentes en donde encontrar una de las mayores revelaciones del gozo es el Antiguo Testamento. Por fortuna, Dios le permitió a Israel saborear la realidad que estaría en aquellos que iban a ser cubiertos por la obra redentora de Cristo. Además, eso sucedió porque los hijos de Israel habían estado escuchando desde temprano en la mañana hasta la tarde lo que el sacerdote les leía del libro de la ley. Para muchos de ellos, esa era la primera vez que escuchaban la ley de Dios. Si la gente no entendía lo que se había escrito, los sacerdotes corrían entre ella para explicarle. El pueblo vio que el estándar de Dios para sus vidas era extremadamente alto. También entendieron que le habían fallado a Dios de forma terrible en lo que Él requería. Ese fue un momento muy impactante para ellos. Y respondieron de la forma más natural para ellos: con lágrimas.

> Entonces el gobernador Nehemías, el sacerdote y escriba Esdras y los levitas que hacían entender al pueblo dijeron a todo el pueblo: "*Hoy es día consagrado a Jehová, nuestro Dios; no os entristezcáis ni lloréis*"; pues todo el pueblo lloraba oyendo las palabras de la ley. Luego les dijo: "Id, comed alimentos grasos, bebed vino dulce y enviad porciones a los que no tienen nada preparado; porque este es día consagrado a nuestro Señor. No os entristezcáis, *porque el gozo de Jehová es vuestra fuerza*". También los levitas calmaban a todo el pueblo, diciendo: "Callad, porque es día santo; no os entristezcáis."
>
> —NEHEMÍAS 8:9-11, énfasis añadido

Se nos ha enseñado que llorar y lamentarnos por nuestros pecados es congruente con tema de la santidad. En nuestro mundo, las lágrimas son casi sinónimo de arrepentimiento. Pero en este caso no fue así. En ese contexto las lágrimas eran una violación. A partir de mi experiencia, esto parece muy extraño, es decir, el hecho de que haya ocasiones en las que la santidad de Dios se vea violada por las lágrimas. Sin embargo, es cierto. Había tanta lamentación y lloro porque habían entendido que no estaban ni remotamente cerca del propósito de Dios para sus vidas. Eso sólo pudo producirse ante la sobrecogedora convicción que el Espíritu Santo les había dado para que pudieran ver sus corazones como Dios los veía. Con toda sinceridad, ese es el tipo de momentos que los predicadores buscamos, que la gente esté consciente de su necesidad de Dios, consciente de su necesidad de recibir perdón y listos para cambiar. Eso no proviene de un sentimiento de crueldad, sino que buscamos momentos en los que la gente esté preparada para hacer cambios permanentes en su vida. Y ese quebrantamiento es el clima del corazón que hace el cambio posible.

Sin embargo, el Espíritu de Dios tiene además otra herramienta que también utiliza para producir la transformación que desea lograr. Y es el poder de la celebración, el poder del gozo.

Los sacerdotes vieron las lágrimas del pueblo y entendieron que eso iba en contra de lo que Dios estaba haciendo. Su responsabilidad ahora era correr en medio de la gente y decirles: ¡Dejen de llorar!; debían llevar lo que estaba sucediendo a un paso más allá: al regocijo y la celebración. ¿Por qué? Porque *entendieron* la ley. Entender lo que Dios les estaba diciendo, debía convertirse en el objeto de su gozo y, por lo tanto, debía hacer nacer en ellos el gozo.

Si hubo un momento en el Antiguo Testamento que ofreció un vistazo de lo que sería la vida en el Nuevo, fue ese. Ese momento fue en contra de todo nuestro entendimiento acerca de la severidad de la ley, y aun contra todo nuestro entendimiento acerca de cómo se mueve Dios en los avivamientos. Por eso, muchos se han perdido aquella revelación tan necesaria del gozo a través de la gracia que se produce en este mover actual de Dios. Eso fue algo legítimo. Y empezó con el gozo.

CAPÍTULO IX

EL REFLEJO DEL ROSTRO DE DIOS

Los verdaderos creyentes están en posición de mostrar las maravillas del Dios todopoderoso al mundo que nos rodea. En efecto, la Biblia nos llama nuevas criaturas,[1] una nueva raza de gente que nunca jamás existió.[2] Muchas de las profecías que hizo Jesús con respecto a su iglesia nunca se han cumplido. Las "obras mayores" de Juan 14:12 aún están por venir sobre una generación entera. Sin embargo, esta es la hora de la que hablaron todos los profetas. Reyes y profetas anhelaron ver lo que nosotros hemos visto. Es importante que digamos sí a todo aquello que ha sido provisto para nosotros por medio de la sangre de Cristo. Ya es tiempo de que el pueblo de Dios se levante como un solo hombre y muestre el poder y la gloria de Dios.

En una ocasión, Jesús le dijo a una multitud: "Si no hago las obras de mi Padre, no me creáis" (Juan 10:37). Los ángeles, los profetas, la naturaleza, las Escrituras, todo daba testimonio de lo que Jesús fue. Aun así, Él estuvo dispuesto a que la credibilidad de todos aquellos testigos estuviese sujeta a una sola cosa: las obras del Padre. Sin cuestionamientos, las obras del Padre a las cuales Jesús se refería son los milagros registrados a lo largo del Evangelio de Juan.[3] Si Jesús no hubiese hecho milagros, no se le hubiera requerido a la gente que creyera en Él. Espero con ansias el día en que la iglesia, su Cuerpo, haga la misma declaración en el mundo que nos rodea: Si no hacemos las obras del Padre, no nos creáis.

TEOLOGÍA PERFECTA

Jesucristo es la teología perfecta. Cualquiera que desee saber la voluntad divina debe mirar a Jesús. Él es la voluntad de Dios. Hay quienes oran: "Si es tu voluntad", como si la voluntad de Dios no estuviese clara. Para llegar a una conclusión como esta, sería necesario ignorar la vida de Cristo.

¿Cuántos llegaron a Jesús buscando sanidad y se fueron enfermos? Ninguno. ¿Cuántos fueron a Jesús para ser liberados y salieron de su presencia estando aún en tormento? Ninguno. ¿A cuántas tormentas que pusieron en peligro la vida bendijo Jesús? A ninguna. ¿En cuántas ocasiones evitó Jesús que un milagro se produjera en la vida de alguien porque esa persona tuviera muy poquita fe? Nunca. Jesús habló mucho de la poca fe o de la incredulidad de ellos, pero siempre les dejó un milagro, como un medio para que desarrollaran una fe mayor. Jesucristo, el Hijo de Dios, ilustró de manera perfecta la voluntad de Dios Padre. Pensar lo contrario es poner al Padre y al Hijo en contraposición. Y una casa dividida no puede prosperar.

Si no hacemos las obras del Padre, no nos creáis.

¿Por qué Jesús resucitó muertos? Porque no todo el mundo muere en el tiempo de Dios. No podemos pensar que el Padre haya decidido hacer algo y que Jesús lo contradijera con un milagro. No todo lo que sucede es la voluntad de Dios. Hay muchas cosas de las cuales se culpa a Dios en nombre de su soberanía. Hemos consentido nuestra irresponsabilidad en cuanto a la comisión que Jesús nos dio bajo el velo de la soberanía divina por demasiado tiempo. Sí, Dios puede usar la tragedia para su gloria. Pero la habilidad de Dios de gobernar sobre malas circunstancias no pretendió ser jamás evidencia de que esas circunstancias fueran su voluntad. Al contrario, la intención fue mostrar que, sin importar lo que suceda, Él está al control y trabaja para cambiar esa situación para nuestro beneficio y para su gloria. Nuestra teología no debe establecerse basada en lo que Dios no ha hecho. Debe definirse por lo que Dios hace y está haciendo. La voluntad de Dios puede verse de manera perfecta en la persona de Jesucristo. Jamás nadie que se acercó a Él regresó como llegó. La Biblia celebra al hombre que fue sanado en el estanque de Bethesda.[4] Si eso ocurriera hoy, los periódicos cristianos entrevistarían a las personas que se encontraban en el estanque, pero que no fueron sanadas. Luego, los teólogos usarían la ausencia del milagro en los otros como una prueba textual, afirmando: "No siempre la intención de Dios es sanar". La mala teología se produce por la ausencia de experiencia.

Toda persona que declara conocer a Jesús en una relación personal tiene como asignación el privilegio de representarle. "Como me envió el Padre, así también yo os envío" (Juan 20:21). El mandato es claro y fuerte, no hay opciones. Descubrir quién y cómo es Dios es el gran camino del creyente. Es una búsqueda eterna: una en la que nos deleitaremos por siempre. Pero con nuestro descubrimiento está la responsabilidad de darlo a conocer. ¿Lo hacemos al predicar en el mundo? Sí. Pero Dios también se manifiesta por medio de nuestra vida. Debemos convertirnos en un retrato de Dios. Eso es parte de lo que significa ser el Cuerpo de Cristo.

Nos hacemos semejantes a lo que adoramos. Ver a Dios nos transforma. La adoración aumenta nuestra capacidad de ver. Pero si vemos a Dios a través de los espejuelos incompletos del Antiguo Testamento, estaremos propensos a tratar de llevar un mensaje de ira y enojo, pensando que estamos honrando a Dios. No significa que Dios no pueda mostrar enojo, sino que el punto clave es que desea mostrar misericordia y busca entre la gente a aquellos dispuestos a interceder a favor de quienes no tienen esperanza. Dios es quien dijo que la misericordia triunfa sobre el juicio. Una revelación incompleta del Viejo Pacto no puede producir el fruto de la nueva. Los que no lo ven a través de la revelación del Nuevo Testamento en la Escritura, tratan de recrear lo que es Dios por medio del razonamiento humano. Y esa es, por lo general, una visión distorsionada de la ira de Dios. Pero, en ocasiones, lo que se predica es el extremo contrario acerca de cómo ignora Dios el pecado. Ninguno de esos extremos es correcto y ambos son producto de la mente de quienes no pueden ver.

Dios es perfecto en *amor, poder, carácter y sabiduría*. Estas son las expresiones de su naturaleza y todas deben ser vistas a la vez, en este momento de la historia y por medio de nosotros.

AMOR

Amar es un honor, porque Dios nos amó primero.[5] Al hacerlo solamente estamos dando de lo que hemos recibido. Dios estableció la regla para el amor que no espera recibir nada a cambio. También estableció el principio para el amor que se sacrifica. "Porque de tal manera amó Dios al mundo, que dio..." (Juan 3:16). Es nuestro privilegio dar tiempo, dinero, atención, amistad y cosas por el estilo. Dar de manera sacrificada es vivir de manera sacrificada. Siendo que no podemos dar sin amar, tampoco podemos amar sin dar. El amor, por naturaleza, no requiere nada a cambio, pues si lo hiciera no sería tal cosa. La prueba para comprobar que se trata de un amor real es cuando somos capaces de amar al que no es digno de ser amado, aquel que no puede dar nada a cambio.

Muchos crecimos pensando que la manera en que podemos alcanzar a nuestra comunidad es orando fuertemente para que la gente asista a la iglesia con la esperanza de que se conviertan. Nos es difícil demostrar de manera efectiva el amor de Dios si se requiere que la gente venga a nosotros. Cuando vamos es que realmente podemos dar de manera auténtica.

La historia del buen samaritano sobresale como un buen ejemplo de lo que es el amor.[6] Ese hombre adoptó el problema de aquel extraño herido como si fuera propio. Como no pudo quedarse con él para ayudarle de primera mano, contrató a alguien para que hiciera lo que él no estaba en capacidad de hacer. Esa es una asombrosa historia de amor hacia un completo extraño.

He escuchado enseñanzas acerca de dar al pobre y al necesitado cuyo énfasis radica en la mayordomía y no en la compasión. Eso básicamente significa que no debemos darle

> *C*omo me envió el Padre, así también yo os envío" (Juan 20:21). El mandato es claro y fuerte, no hay opciones.

dinero a alguien que no use apropiadamente lo que le demos. Mi opinión es que hay demasiada preocupación en cuanto a dar algo a alguien que pueda usar mal lo que le damos. Eso no detuvo a Dios. Aunque es cierto que tenemos la responsabilidad de dar un buen mantenimiento de lo que Dios nos ha dado, no somos responsables de lo que otra persona haga con lo que le hemos dado. Somos responsables de amar, y el amor requiere dar. Aun cuando una persona haga mal uso del dinero o el regalo que le he dado, el mensaje de amor ha sido demostrado. Entregar el amor de Dios es nuestra meta.

Las personas que entran en el ámbito de los milagros, enfrentan una tentación: es fácil buscar milagros simplemente por buscarlos. Pero nuestra gran ambición debe ser que en todo podamos mostrar el amor de Dios.

Poder

La tendencia a abrazar el concepto de que Dios es un Padre airado se da en igual proporción a la incapacidad de la persona para demostrar el poder divino. Hay una conexión entre nuestro sistema de creencias y lo que, en efecto, mana de nuestra vida. Si no vemos la vida de Jesús como la ilustración suprema de la voluntad de Dios, continuamente minando nuestra capacidad de demostrarla.

La falta de poder es una aberración tan terrible que o somos movidos a buscar un nuevo bautismo en el Espíritu hasta que el poder que nos fue prometido se manifieste a través de nosotros, o creamos razones doctrinales para conformarnos con nuestra impotencia. Yo no quiero acomodarme. Yo quiero poder. Nunca es bueno vivir sin milagros. En esto, estoy en deuda con Él: Él nos dio ejemplo, mandó a su maravilloso Espíritu Santo, y nos dio su palabra en nuestra comisión. ¿Qué más debe hacer? Le debemos milagros como testimonio de que Él vive y que ha vuelto su rostro hacia nosotros. El Espíritu del Cristo resucitado, ese mismo Espíritu que ungió a Jesús para su ministerio, vive dentro de nosotros. El evangelio hace provisión suficiente de este asunto para todo aquel que busca su rostro sin condiciones y con entrega.

He escuchado a personas decir que si tuviesen que escoger entre poder y pureza, escogerían pureza. Eso suena bien, sin embargo, es una opción ilegítima. Esas dos cosas no pueden estar separadas. Son dos lados de la misma moneda y deben permanecer intactos. Yo le he dicho a mi iglesia: "No me impresiona la vida de nadie que no tenga carácter. Y no estaré feliz con esa vida hasta que no tenga poder".

CARÁCTER

Tener un carácter semejante al de Jesús no sólo significa triunfar sobre los problemas del pecado. El carácter es más bien el efecto producido por una vida de fe, lo cual es justicia, paz y gozo, y esto es, como ya anteriormente deje en claro, la definición que da Pablo de reino.[7] Estas tres cosas demuestran el carácter de Cristo en la vida del creyente. Vivir *justamente* significa que vivo totalmente para Dios, sin atadura alguna a nada que no sea piadoso. Vivir para Dios significa que rechazo aquellas cosas inferiores que proveen una satisfacción momentánea, porque solamente el Reino de Dios me satisface. La justicia, para algunos ha sido reducida solamente a moralidad. La moral es esencial, pero es sólo el peldaño inferior de la escalera. Es el primer paso. Pero la justicia se manifiesta en una indignación semejante a la de Cristo frente a la injusticia. Busca reivindicar el maltrato al pobre, a la viuda y a los niños no nacidos. También sensibiliza nuestro corazón con los que están atados a la enfermedad, porque el sol de *justicia* fue lo que se levantó con sanidad en las alas de Dios.[8] La sanidad es una expresión de su justicia a favor nuestro.

Me entristece ver cristianos que no se relacionan con personas no creyentes, porque quieren estar apartados del mundo. Sin embargo, su estilo de vida es igual al de los incrédulos. La iglesia primitiva se asociaba con no creyentes, pero no vivía como ellos. Esos días están retornando, a medida que estamos volviendo a hablar del carácter, pero esta vez acompañado justamente por el poder.

Al igual que la paz y el gozo, la justicia es un don. "Mucho más reinarán en vida por uno solo, Jesucristo, los que reciben la abundancia de la gracia y el don de la justicia" (Romanos 7:17). La palabra *reinarán* en este versículo significa "ser rey". La imagen es fuerte. La justicia capacita a la persona para ejercer dominio sobre su vida y para no vivir como víctima. El sobrino de Abraham, Lot, quedó corto ante esa realidad cuando estuvo "abrumado por la nefasta conducta de los malvados" (2 Pedro 2:7). La conducta de los demás afectó y oprimió a Lot. De hecho, la justicia de Dios en nuestra vida afecta a aquellos que nos rodean de la misma forma en la que el régimen de un rey afecta a toda persona que está bajo su influencia. Esto es central en el tema de la transformación de una ciudad.

La *paz* es más que la ausencia de ruido, conflicto o guerra. Es la presencia de Aquel que ejerce autoridad militar sobre algo que está en conflicto con su dominio. Al disfrutar su orden y su calma, el poder de las tinieblas es destruido por su abrumadora magnificencia. Es una vida de descanso para nosotros, pero una vida de terror para los poderes de las tinieblas. Si la ansiedad y el temor se aproximan, debemos regresar a nuestro lugar de paz. Esa es nuestra justa herencia en Cristo y es el lugar desde el cual vivimos. Este atributo del cielo es la evidencia de una victoria que ya ha sido conquistada. Y es esta característica lo que tanto frustra al diablo. El hecho de que no vivamos aterrados por él por causa de la paz que habita en nosotros aterroriza al enemigo de nuestras almas.

El gozo pertenece al creyente. Como dije en el capítulo anterior, el gozo es a la salvación lo que las lágrimas al arrepentimiento. Esta es una de las expresiones más esenciales de la fe en nosotros. Estar agitado y ser áspero está sobrevalorado. Cualquier no creyente puede hacer algo así. Jesús sólo se comportó de esta manera con quienes lo rechazaban, pero que debieron haberle reconocido. Lo llamaron glotón y bebedor simplemente porque los bebedores y los glotones experimentaron su amor y su aceptación. La fe cree que soy aceptado por Dios y no hay poder ni autoridad que pueda quitarme eso.

Si usted carece de gozo, hay una manera en la que puede involucrarse en el proceso de obtener un gozo que siempre esté en aumento: aprenda a regocijarse. La decisión de regocijarse no puede depender de las circunstancias, porque opera desde el corazón de la fe. Viva a pesar de lo que esté sucediendo, abrazando las realidades de su palabra a las que solo puede accederse por medio de la confianza en Dios y en su Palabra. Regocijarse libera el gozo.

Pero quizá el más grande secreto con respecto al gozo radique en descubrir el gozo de Dios con nosotros. La Biblia nos dice: "El gozo del Señor es nuestra fortaleza" (Nehemías 8:10). Dios tiene gozo. ¡Y es su gozo por nosotros lo que nos da fuerza! Esa verdad nos da libertad más que cualquier otra cosa: ¡Regocíjate, porque Él se deleita en ti!

Sabiduría[9]

Jesús es conocido como el deseado de las naciones.[10] Para hacernos exitosos en nuestra tarea de discipular las naciones, Dios decidió vivir entre nosotros. Esto nos da el potencial de apelar al mundo que nos rodea. Eso es algo que está más allá del alcance de muchos de nosotros. Aunque los pecadores amaban estar con Jesús, rara vez ellos quieren estar con nosotros. Está en nosotros descubrir por qué y solucionar el problema. Parte de la razón es que tendemos a ser poco prácticos, respondiendo preguntas que muy poca gente está planteando, dando dirección que nadie está buscando.

Aun así es el tiempo de Dios para que su pueblo se convierta en algo de gran estima para los no creyentes nuevamente (preferimos llamarlos precreyentes). Jesús tiene todas las respuestas para todos los problemas del mundo. Tenemos acceso legal a los misterios del reino. Su mundo es la respuesta para este mundo. No importa el problema, ya sea médico, político o algo tan sencillo como el tráfico en nuestro vecindario o un conflicto con la directiva de la escuela, Jesús tiene la respuesta. No solo eso, sino que también desea revelarlas a nosotros y por medio de nosotros. El método que escogió es usar a sus hijos, los descendientes del Creador, para representarlo en tales asuntos. Es difícil para nosotros dar soluciones a los dilemas de este mundo cuando nuestra esperanza (teología del fin de los tiempos) es anticipar con ansiedad la destrucción del planeta. Tanto Jesús como el apóstol Pablo dijeron que heredaríamos este mundo.[11] Nuestra mayordomía correcta debe empezar ahora. Ignorar esta parte de nuestra tarea por causa de la convicción de que el mundo no puede llegar a ser perfecto antes del regreso de Cristo es algo muy similar a ignorar a los pobres porque Jesús dijo que siempre los tendríamos con nosotros. Esto es ser malos mayordomos de lo que se nos ha comisionado y de nuestra unción.

La sabiduría es la expresión creativa de Dios.[12] Fue una parte de la fuerza creativa que se uso al hacer "todo" lo que existe. Es celebrada en la naturaleza, con deleite especial en la humanidad. Además de Jesús, Salomón es conocido por su extraordinaria sabiduría. De hecho, la sabiduría de Salomón estableció el período más alto en la historia de Israel. Con ella Salomón silenció a la reina de Sabá cuando vino a sentarse a sus pies para aprender. Él respondió muchas inquietudes que la reina tenía acerca de la vida. Pero cuando Dios escogió enumerar las cosas que fueron de gran impresión para ella, registró una lista que normalmente resultaría aburrida, esto es, aparte de la sabiduría. Las Escrituras las enumeran de esta forma: la casa que construyó, la comida de su mesa, las habitaciones de sus sirvientes, el servicio de quienes servían su mesa y sus vestiduras, sus coperos, en la entrada que usaba para ir a la casa del Señor.[13] Todas esas son cosas cotidianas. Solamente la expresión creativa de Dios pudo atrapar el corazón de una reina con lo ordinario. Ella ya había visto tesoros y riqueza. Había estado expuesta a gran talento e incluso a las artesanías. Sin embargo, ahora estaba frente a cosas mundanas que habían adquirido significado por medio de la expresión creativa de Dios a través del hombre. Y eso la dejó sin palabras.

Es tiempo de que el mundo se quede sin palabras nuevamente a medida que adquieren conciencia de nuestra forma de abordar las simplicidades de la vida, pero esta vez con sabiduría divina.

LA MENTE RENOVADA

Usted sabe que su mente ha sido renovada cuando lo imposible parece lógico. La forma más coherente de mostrar el reino de Dios es por medio de una mente renovada. Esto es mucho más que tener pensamientos correctos. Es la forma en la que pensamos, desde esa perspectiva. Hacer lo correcto es "razonar" desde el cielo a la tierra.

"Hay *cuatro piedras angulares del pensamiento* que han cambiado nuestra forma de vivir. Estas deben convertirse en algo más que doctrinas con las que estamos de acuerdo. Deben convertirse en perspectivas que cambian la manera en la que abordamos la vida, actitudes que definen la cultura en la cual hemos decidido vivir.

Dios es bueno. Comúnmente, inicio nuestro culto dominical con el siguiente anuncio: "Dios está de buen humor". Esto le choca a la gente. Tan simple como es, esta afirmación realmente no la creen muchas personas.

Sin embargo, Dios está realmente seguro con respecto a su soberanía, y se regocija en la Novia de su Hijo. Dios piensa que el precio pagado valió la pena, dado lo que su pueblo está obteniendo. Aquellos que lanzan un mensaje airado desde el púlpito simplemente necesitan conocer al Padre. Él realmente es bueno, todo el tiempo. Es mejor de lo que pensamos, así que cambiemos nuestra forma de pensar.

"Nada es imposible", se ha convertido en el lema que define la forma

> *La forma más coherente de mostrar el Reino de Dios es por medio de una mente renovada.*

en que abordamos la vida. Como creyentes, se nos ha asignado invadir aquello que antes se llamaba imposible. Algunos cristianos se avergüenzan de buscar milagros, pues los consideran imposibles. Lo más triste de esta historia es que creen que el resto de la vida cristiana sí es algo posible. ¡Eso no es así! Todo lo que tiene que ver con el cristianismo es imposible para la mente natural. Solamente Dios puede decir por su experiencia que "nada es imposible". Pero para darnos acceso a un ámbito que sólo Él disfruta, añadió: "Al que cree, todo le es posible" (Marcos 9:23).

Luchamos a partir de la victoria de Cristo. No luchamos para ganar. Lo hacemos para reforzar la victoria que Jesús ya ganó a nuestro favor. Batallamos a partir de su victoria en cualquier situación que se presente. Eso cambia nuestra perspectiva, lo que constituye la mitad de la batalla. Para el creyente, mucho de los cielos cerrados está entre sus orejas. Cuando creemos cosas oscuras y que alimentan nuestra alma en base a esa realidad, tenemos una gran batalla que pelear. El enemigo ha tenido éxito con la intimidación al ponernos en una posición defensiva. Esa es la posición equivocada, debemos estar a la ofensiva porque nosotros tenemos el balón. Lo hemos tenido desde que Jesús nos ordenó "*ir* a todo el mundo" (Marcos 16:15, énfasis añadido).

Soy importante. Es más sencillo decir *somos* importantes que *soy importante*. Sin embargo, descubrir esta verdad es lo que da la libertad de ser verdaderamente humildes. Toda persona que habla acerca de su propia importancia, pero cae en el orgullo, realmente nunca ha recibido esta importante revelación. Existe una humildad que proviene de observar nuestro pasado. Pero la mayor medida de humildad proviene de ver nuestro futuro. Lo que tenemos delante de nosotros es imposible sin el favor, la fuerza y la guía de Dios. La dependencia de Él es el resultado de haber descubierto la importancia personal.

EL PLAN SUPREMO DE DIOS

Dios ha tornado nuestro corazón una vez más para que lo busquemos. Los movimientos de oración están floreciendo en prácticamente todos los ámbitos del Cuerpo de Cristo. Lo que Lou Engle ha hecho con The Call (El llamado)[14] ha sido literalmente dar forma al curso de la historia, a medida que toda una generación es llamada por Dios a cambiar una nación a través de la oración y la intercesión. A la luz de este cambio en el Espíritu, nosotros también debemos abrazar ese llamado a orar. Pero a medida que lo hacemos, aprendamos a orar como Jesús lo hizo.

> *Para el creyente, mucho de los cielos cerrados está entre sus orejas.*

No existen registros de que Jesús le pidiera al Padre que sanara a alguien, como tampoco los hay de que clamara al Padre pidiendo ser librado de una tormenta que amenazaba su vida. En lugar de eso, Jesús se ganó un puesto de autoridad en oración, lo que le permitía simplemente dar una orden y observar cómo la voluntad de su Padre era hecha.

Ya es tiempo de usar buena parte de nuestro tiempo de oración en buscar realmente su rostro. El resultado será claramente visible, pues cuando hablemos, las cosas sucederán y cuando toquemos a las personas con nuestro ministerio, las llevaremos a un encuentro con Dios que lo cambiará todo.

CAPÍTULO X

EL PUEBLO DE
SU GLORIA

*J*esucristo era completamente Dios. Él no fue un ser creado. Sin embargo, llegó a ser hombre y vivió enteramente dentro de las limitaciones del hombre. Su habilidad para demostrar poder, caminar sobre el agua y realizar incontables manifestaciones divinas se debía completamente al hecho de que no tenía pecado y era totalmente sensible al Espíritu Santo. Él se convirtió en el modelo para todo aquel que experimentaría la limpieza de pecado por la sangre de Jesús.

El perdón que Dios da coloca a cada creyente en una posición sin pecado. La única pregunta que permanece es cuán dispuestos estamos a ser capacitados por el Espíritu Santo.

EXPERIENCIAS PARA HIJOS E HIJAS

La mayoría de las experiencias de Jesús registradas en la Escritura, fueron ejemplos proféticos de los ámbitos divinos que están disponibles para el creyente. El Monte de la Transfiguración traspasó el límite significativamente con respecto a la experiencia humana. La meta nunca debería ser hablar con Moisés o Elías, cualquiera que tenga eso como foco me preocuparía. La asombrosa lección de esta historia es que Jesucristo, el *Hijo del Hombre*, tenía la gloria de Dios sobre sí. El rostro de Jesús brillaba con la gloria de Dios, similar al de Moisés después que bajó del monte.[1] Pero, la ropa de Jesús también irradiaba la gloria divina, como diciendo que esa era una nueva etapa comparada con los tiempos de Moisés. En esta era, los límites habían cambiado: un velo no podía ser usado para cubrir el rostro de Jesús cuando brillaba con gloria, pues el velo mismo pronto irradiaría también con la misma gloria. Nosotros influenciamos y comunicamos que Dios nos ha dado el cambiar la naturaleza de todo aquello que tocamos. Recuerde que tocar el borde del manto de Jesús sanó a una mujer. En este reino, las cosas son diferentes.

Sólo Pedro, Santiago y Juan fueron privilegiados de ser parte de ese evento. Fue tan extremo, que Jesús les advirtió que no le dijeran a nadie sobre lo que habían visto hasta después de su resurrección. Su muerte satisfaría los requerimientos de la ley (Moisés) y los profetas (Elías). Ciertas cosas no ocurrirán en nuestro corazón hasta que conozcamos de la resurrección a través de nuestra experiencia de conversión.

A través del Espíritu del Cristo resucitado viviendo en nosotros, somos diseñados para llevar la misma gloria. Pero, aún debemos subir la montaña,[2] el lugar donde nos encontramos caca a cara con Dios.

Antes de esa experiencia, Jesús declaró: "De cierto os digo que algunos de los que están aquí no gustarán la muerte hasta que hayan visto que el reino de Dios ha venido con poder"

(Marcos 9:1). No creo que se estuviera refiriendo a la experiencia del Monte de la Transfiguración, la cual fue sólo seis días después. Se estaba refiriendo al bautismo del Espíritu Santo que estaría disponible después de su muerte y resurrección. Ese es "el reino de Dios presente con poder".

¿POR QUÉ NO AHORA?

Es irresponsable, teológicamente hablando, tener las grandes promesas de la Escritura y apagarlas por un período de tiempo por el cual no tenemos ninguna responsabilidad. Se ha vuelto demasiado fácil poner todo lo que es bueno dentro del milenio y mantener las pruebas y épocas oscuras para esa era. Mi dificultad más grande con esta línea de pensamiento es que no requiere fe para lograrlo, y que parece ser incongruente con el resto del trato de Dios con la humanidad.

También coloca un énfasis nada saludable en las futuras generaciones, hasta el punto de perder nuestro sentido de propósito, llamado y destino. Aunque vivo para dejar un legado, a cada generación le ha sido dado suficiente favor para con el Señor para considerarse a sí mismos capaces de ser la generación "final" que vive en la gloria de Dios, para la gloria de Él. Una de mis declaraciones favoritas en la Escritura se encuentra en Isaías 60:1: "¡Levántate, resplandece, porque ha venido tu luz!". La gente se confunde al determinar la audiencia a la cual está dirigido este mandato.

Algunos ponen esto dentro del trato futuro de Dios con Israel, lo cual pienso es un gran error. Aun cuando el gran plan de Dios está siendo trabajado en su pueblo Israel, el mandato es para *todos aquellos que han recibido* su luz. ¿Cuál es esa luz y a quién ha venido?

Jesucristo es la luz del mundo. Él ilumina a cada persona que llega a este mundo. "En él estaba la vida, y la vida era la luz de los hombres... La luz verdadera que alumbra a todo hombre venía a este mundo" (Juan 1:4, 9).

Cuando Isaías hizo el llamado a *levantarse* y *resplandecer*, fue un mandato reservado para aquellos que recibieron la luz que Jesús trajo al mundo. Él es esa luz. Y a aquellos que recibieron su luz para salvación se les exige que se *levanten*. Es un mandato.

Muchos están esperando que les suceda algo más. Pero, Él dice: "¡Levántate, ahora! ¡Y mientras te levantas, brilla!".

Esta declaración asombrosa comenzó a desarrollarse en el tiempo de Cristo, porque la segunda parte de la declaración se cumplió: Él, la luz, *ha* venido. Pero, antes de que partiera, les dijo a sus discípulos que ellos eran la luz del mundo. Esa declaración es considerada a menudo un lenguaje figurativo, lo cual es desastroso cuando Dios está hablando literalmente. La iglesia *es* la luz del mundo.

Cuando la luz de Dios le toca, usted llega a ser luz. Cualquiera sea la manera en que Dios toque nuestras vidas, llegamos a ser una manifestación de esa misma realidad. Es uno de los grandes misterios del evangelio, testificar de su habilidad para transformar completamente la naturaleza de todo lo que toca. Este asunto de *venir a ser luz* no es una ilustración aislada, lo cual veremos. Es el poder del evangelio que transforma por completo la naturaleza de todo aquello que toca.

Jesús es nuestra justicia. Pero, cuando somos tocados por su justicia, no solamente venimos a ser justos, sino que también venimos a ser la justicia de Dios. Considere este efecto extremo del evangelio. Nosotros no sólo llevamos esta gracia de Dios.[3]

Venimos a ser una manifestación de esa gracia. Cuando pensamos solo en lenguaje figurativo y simbólico, socavamos el poder de la intención de Dios. Con promesas tan extraordinarias, nosotros no podemos ser un pueblo restringido por los límites establecidos por una generación anterior. Al contrario, debemos edificar sobre la experiencia de ellos e ir a donde ellos no tuvieron tiempo de ir.

Dios lleva esto a otro extremo en el tema del perdón. Cuando usted es perdonado, llega a ser perdonador. Jesús presionó mucho más allá de mi zona de comodidad cuando dijo: "A quienes perdonéis los pecados, les serán perdonados, y a quienes se los retengáis, les serán retenidos" (Juan 20:23). En realidad, somos agentes del perdón de Dios. Lo mínimo que Él está diciendo es que cuando nosotros perdonamos a las personas, se mueve sobre ellas con su perdón. De nuevo, nuestra naturaleza ha sido cambiada por la forma en que Dios nos ha tocado.

PACTOS EN CONFLICTO

Bajo el Antiguo Testamento, si usted tocaba a un leproso, era inmundo. El primer mensaje de este pacto era revelar el poder del pecado. Pero, la ley de Dios no era la respuesta al problema del pecado. Era incapaz de ser la solución. Era el tutor que intentaba dirigir al pueblo a Cristo. Cuando el pueblo descubrió que no podían llegar a ser justos por sí mismos, la ley creo tal tensión en las vidas de la gente que preparó exitosamente a Israel para el Salvador. Y así, tocar al leproso le hacía a usted inmundo.

En el Nuevo Testamento, sin embargo, tocamos al leproso y este es limpio. Eso es porque el mensaje principal de este pacto es el poder del amor de Dios para hacernos completos. Cuando demostramos amor auténtico, Él lo respalda con poder del reino. Aquel que es limpio por la sangre de Jesús ahora es capaz de limpiar; esto yacía en la comisión que Jesús dio a sus discípulos: "Limpiad leprosos" (Mateo 10:8).

Por cientos de millones, la gente reconoce el poder del pecado. Las personas viven conscientes de que no pueden cambiar su naturaleza y así pasan su vida cambiando el color del cabello, rebajando de peso y aprendiendo nuevas técnicas para, de alguna forma, saciar el deseo interno de una transformación personal. Algunos se rebelan contra ese deseo y se rinden a lo inevitable entregándose a una naturaleza pecaminosa que no pueden controlar. Los resultados están diariamente en los encabezamientos de los periódicos.

> *En realidad, somos agentes del perdón de Dios.*

Pero, ¡el poder del pecado es noticia vieja! La noticia que se necesita hoy es que el poder del auténtico amor de Dios transforma todo lo que toca. Aquellos cambiados por su amor son amantes verdaderos, y los que no aman a otros no tienen evidencia de haber experimentado jamás el amor de Dios.[4] Al estar frente a Él, nuestra naturaleza es cambiada por la de Aquel que nos tocó y liberamos el poder de su amor entre aquellos que nos rodean.

DEBEMOS BRILLAR

Uno de los asuntos que debemos establecer en la mente de los creyentes —si vamos a obedecer el mandato divino de levantarnos y brillar— es el asunto de ser gloriosos. Para muchos cristianos, la idea de ser glorioso suena orgullosa o ridícula. Pero, hay una gloria que existe en la humanidad simplemente porque fuimos hechos a su imagen. Hay gloria en los animales, el sol, las estrellas y en todas las cosas creadas.[5]

Él lo hizo así.

Rebajar nuestro papel en estos últimos tiempos y actuar con pequeñez en la vida restringe la medida de la gloria que poseemos y somos capaces de dar a Dios. Nuestra capacidad para dar gloria termina siendo reducida porque no creemos en nuestra significación. Nuestra significación no se basa en nada en o de nosotros. Está basada completamente en Aquel que nos llamó a sí mismo. Parece que Salomón sabía esto, por lo que dijo: "Alábete el extraño y no tu propia boca; el ajeno, y no los labios tuyos" (Proverbios 27:2). Dios nos advierte contra vanagloriarnos, pero añade que debemos permitir que otros lo hagan. Honrar es un valor del reino. Si no sabemos cómo recibirlo correctamente, no tendremos corona para lanzarlo a sus pies. Nuestra guerra contra el orgullo es mal dirigida cuando no es congruente con la Palabra de Dios. La humildad falsa es la forma más peligrosa del orgullo porque, a menudo, es confundida con una virtud.

Cuando las personas me honran, les agradezco su atención. Pero me rehúso a responder con la nauseabunda jerga religiosa: "No fui yo; fue Jesús". Al contrario, cuando estoy a solas con Dios, le traigo la honra que me han dado y se la doy, diciendo: "Mira lo que alguien me dio. Creo que te pertenece". No hay duda en mi mente de quién la merece en verdad.

Es simplemente fascinante para mí lo que Él disfruta al tenernos *en la línea de fuego* cuando la gloria y la honra están siendo liberadas. Ellas afirman nuestra significación y destino eterno. Y si cometemos el error de tomar la honra para nosotros, entonces ya hemos recibido nuestra recompensa en esta vida. El aspecto eterno ha sido eliminado. Aquello que es invertido en la eternidad, paga dividendos eternos. ¿Es posible que el estándar de la Escritura de ir de *gloria en gloria* también lleve consigo el principio de pasar de vivir en la gloria del hombre a vivir en la gloria de Dios?

Jesús añadió a este mandato, diciendo: "Así alumbre vuestra luz delante de los hombres, para que vean vuestras buenas obras y glorifiquen a vuestro Padre que está en los cielos" (Mateo 5:16). Hay una manera en la cual podemos brillar que haga que otros adoren a Dios y le den gloria. En El contexto que Jesús nos enseñó, estaba que nuestra luz no es para ser escondida sino colocada en lo abierto para que otros la vean. Los demás son atraídos hacia Dios por nuestro brillo.

CÓMO BRILLAR

Para aprender cómo brillar en respuesta al mandato de Dios en Isaías 60, debemos aprender cómo lo hace Dios. Nosotros somos sus representantes. Aquí está la bendición que Aarón y sus hijos debían liberar sobre los hijos de Israel.

> "Jehová te bendiga y te guarde. Jehová haga resplandecer su rostro sobre ti y tenga de ti misericordia; Jehová alce sobre ti su rostro y ponga en ti paz."
>
> —NÚMEROS 6:24-26

Cuando Dios muestra su favor al pueblo, nos está dando un modelo a seguir. Nos enseña cómo brillar. Mostrarles favor a otros es una manera de seguir su ejemplo. El ser aceptado por

Dios nos capacita para aceptar a otros, una vez más demostrando que llegamos a ser una manifestación de la naturaleza del toque divino en nuestras vidas. A la luz de eso, Pablo formula una declaración interesante a la iglesia de Éfeso:

"Ninguna palabra corrompida salga de vuestra boca, sino la que sea buena para la necesaria edificación, a fin *de dar gracia* a los oyentes".

—EFESIOS 4:29, énfasis añadido

Como hemos visto, el rostro de Dios brilla sobre nosotros cuando libera su favor y su bendición sobre nuestras vidas. Se nos ha dado el poder de dar vida y muerte con nuestro hablar.[6] En esta posición de responsabilidad, somos capaces de hablar palabras que animen de acuerdo a las necesidades que la persona tenga en el momento. Pero, la parte del versículo que más me asombra es que podemos *dar gracia a los oyentes*. Gracia es favor divino. En un sentido, nosotros somos agentes del favor de Dios.

Es como si Él estuviera diciendo: *A todo aquel que le muestres favor, Yo mostraré favor*. Cada vez que usted da ánimo a alguien, está dando favor divino. Ellos son marcados por la atención de Dios debido a sus palabras. ¡Eso es brillar!

Hace varios años, uno de nuestros jóvenes estaba en cierto tribunal debido a un crimen que cometió antes de su conversión. Yo testifiqué a su favor. Él ya había pasado tiempo en prisión por un crimen previo y podía ser enviado de nuevo por un largo periodo. Su vida había sido transformada por Cristo, lo cual fue notado públicamente tanto por el juez como por el abogado acusador. Pero, aun así, este pedía que fuera enviado a la cárcel.

Lo encontraron culpable y lo enviaron a un campo de conservación. Yo estaba esperando que lo dejaran ir sin pasar tiempo en ninguna prisión, porque por primera vez en su vida tenía un buen trabajo y contribuía con la sociedad. Así que escribí una carta al juez diciéndole que aun cuando estaba esperando que mi amigo no pasara más tiempo en la cárcel, le agradecía por tomar una postura justa y le dije que apreciaba su trabajo por nuestra comunidad. También le agradecí por la misericordia que había mostrado con una sentencia tan corta. Él escribió de vuelta agradecido, diciendo: "Nosotros no recibimos cartas como esta". Honra era debida y fue un privilegio darla. Y toma tan poco tiempo darla; es una de las maneras de brillar.

Estamos siendo testigos del poder de la honra en la sociedad. Podemos darla aun antes de que una persona sea nacida de nuevo. La vida de la ciudad está cambiando con esta sencilla herramienta. Ya sea la persona de negocios que invierte en nuestras ciudades dólares ganados con trabajo o la mesera que trabaja largas horas para cuidar de su niño en casa, todos están hambrientos de significación. Y esa necesidad es satisfecha a través de la honra.

CÓMO DAR

Comúnmente se dice: "Nunca le puedes dar a Dios en exceso". Y es verdad. Él se asegura de que recibamos, en su mayor parte, de acuerdo a lo que hayamos dado. Pero, no es simplemente porque Dios dé en retorno de acuerdo a lo que hemos dado. En gran parte, es porque Él cambia nuestra naturaleza cuando nos toca, al punto de que nosotros, en realidad, producimos aquello que regalamos. Eso no quiere decir que nada de eso se origine con nosotros; toda buena dádiva viene de Dios. Punto. Pero lo que el hombre siembra, eso también segará. Algunos no están muy seguros de cosechar honra. Es casi como si pensaran que estarán faltos de ella si la dan. No es así. Todas las cosas celestiales aumentan en la medida en que son liberadas. Aquellos que muestran misericordia, reciben misericordia. Es así como funciona este reino.

Es más, brillar es dar *lo que somos*. Sin embargo, lo que somos nunca disminuye. La luz de Dios no disminuye porque brillemos más. En realidad, se hace más fuerte. Si hemos recibido algo de Dios, brillaremos al irlo regalando. Es el acto de liberar las realidades y experiencias internas lo que ayuda a redefinir la naturaleza del mundo en que vivimos. Las realidades internas vienen a ser externas. Ese es el acto de brillar.

Es por eso que debemos descubrir esta verdad: "El reino de Dios está entre vosotros" (Lucas 17:21). Yo no hago un cheque si no sé si tengo dinero en el banco.

El descubrimiento del tesoro que está en nosotros a través del encuentro con el rostro de Dios es lo que nos capacita para hacer cheques que son coherentes con su cuenta, no con la nuestra. Pedro le dijo al cojo: "No tengo plata ni oro, pero *lo que tengo te doy*" (Hechos 3:6, énfasis añadido). Entonces, hizo un cheque que solo Dios podía respaldar. Esa es la manera en que este reino funciona.

Cada vez que usted da ánimo a alguien, da favor divino.

En cierto momento, Jesús invitó a toda la humanidad a acudir a Él y beber. "Si alguien tiene sed, venga a mí y beba... 'De su interior brotarán ríos de agua viva'" (Juan 7:37-38). La imagen

> *Si hemos recibido algo de Dios, brillamos en la medida en que lo regalemos.*

dibujada por Jesús es, una vez más, muy extrema. Si bebo un trago del refrigerio suyo, ¡un río refrescante brota de mí! Un trago se convierte en un río. Hay un crecimiento exponencial en todo lo que Dios libera en nuestra vida, a medida que lo damos. Crece con el uso. Las aguas refrescantes que se derraman a través de nosotros, no disminuyen al irlas liberando. Lo opuesto es verdad. Nuestra sincera capacidad de dar aumenta dando. Lo que es aparentemente pequeño en lo exterior, viene a ser eternamente significativo una vez que está adentro, el reino interior. Recibir la gracia de Dios define el tipo de gracia que podemos distribuir. Este río es, en realidad, el Espíritu Santo mismo. Él es en nosotros un río, no un lago. Él no está simplemente con nosotros para consolarnos y permanecer en nosotros. Está en nosotros para fluir a través de nosotros a fin de transformar la naturaleza del mundo que nos rodea. Esto es lo que Pedro le dio al cojo en la puerta. Le dio lo que tenía. En su inspección de su herencia en Cristo, descubrió un río que nunca se seca. Que fluye del templo de Dios, haciéndose más profundo a medida que corre,[7] y trabaja para cambiar el curso de la historia del mundo, a través de usted y de mí.

En algún momento, debemos creer en la significación del toque de Dios en nuestras vidas. Muchos se paran en línea para recibir una oración de impartición, semana tras semana, esperando obtener finalmente algo poderoso. Es noble tener tal hambre por viajar alrededor del mundo para recibir de grandes hombres y mujeres de Dios. Yo lo hago y creo en ello. Pero, la frecuencia no debe estar unida a la incredulidad de que Dios no me ha dado lo que le he pedido en encuentros anteriores. Para impedirnos ser adictos a las imparticiones, algunas veces coloca su más grande impartición en algo como una *cápsula de liberación temporal*. Es una imagen extraña, pero cierta. Hay veces en que Dios nos toca de manera tan significativa que su efecto debe ser extendido por un tiempo, de lo contrario puede distraernos de sus propósitos. Nuestra fe no puede depender meramente de la experiencia que *sintamos* sino de las promesas de Dios.

LIBERE EL REINO

Jesús es la Palabra de Dios hecha carne. Pero, cuando habló, la Palabra vino a ser Espíritu. Y ese Espíritu dio vida.[8] Este pasaje revela una de las maneras en que el Espíritu de Dios es liberado en una situación: a través de la declaración.

Cuando seguimos el ejemplo que Jesús nos dio y decimos solo lo que el Padre es, Él es liberado en el ambiente al nosotros hablar. Este concepto es congruente con la Escritura en su totalidad. "El reino de Dios es... en el Espíritu Santo" (Romanos 14:17). Cuando el Espíritu Santo es liberado en una situación, el imperio del Rey se manifiesta. El Espíritu siempre trabaja a favor de la libertad y la liberación,[9] las cuales son señales de que el Rey está presente.

También hay liberación del Espíritu a través de los actos de fe. La fe impresionó tanto a Jesús, que le hizo anunciar que ciertos relatos acerca de la fe serían contados por la eternidad dondequiera que se hablara de su historia. Ver que la fe hacía que ocurrieran milagros extraordinarios y que sucedían por obra del Espíritu Santo, no permite observar cómo el Espíritu Santo es liberado a través de los actos de fe. Un acto de f e es una acción que evidencia

la fe de la persona. Yo les he testificado a personas que no recibieron sanidad hasta que no hicieron lo que era imposible para ellas.
El milagro fue liberado, entonces, al momento.

Algunas veces el Espíritu de Dios es liberado a través del
tacto, más específicamente, la imposición de manos.[10] El poder
de Dios habita dentro de la persona.[11] Imponer nuestras manos
sobre alguien que está enfermo libera el poder de Dios para
destruir la aflicción. Cuando es un lugar apropiado, me gusta
imponer mi mano en el punto de la enfermedad o la herida.
He sentido tumores desaparecer bajo mis manos. Una mujer
tenía uno tan grande en su abdomen que parecía que tuviera seis
meses de embarazo. Le impuse mis manos en su abdomen y el
tumor desapareció.

Quizás la manera más inusual de liberar el Espíritu de Dios
sea a través de un acto profético. Es ahí cuando se realiza una
acción que no tiene nada que ver con la necesidad del milagro.
El profeta, por ejemplo, lanzó un palo en el agua porque un
hacha prestada cayó al fondo del río. El hacha flotó a la super-
ficie y fue recobrada.[12] No hay una ley natural que diga que un
palo en el agua hace que el hierro flote. Sin embargo, cuando
es un acto dirigido por Dios, siempre liberará al Espíritu Santo
para lograr sus propósitos.

Esta manifestación particular es especialmente importante
para aquellos que solo les gusta hacer lo que entienden. A Dios
le encanta tratar esta debilidad en nosotros.

DÉ LO QUE TENGA

Jesús durmió en un bote durante una tormenta amenazadora.
Algunos decían que fue porque estaba exhausto. No lo creo. El

mundo en el que Él habitaba no tenía tormentas. Pablo encontraría más tarde un lenguaje para el ejemplo de Jesús, diciendo que nosotros vivimos en "lugares celestiales en Cristo".[13] Jesús vivía el cielo en la tierra. Esa es la naturaleza de la fe. Cuando llegó el tiempo de detener la tormenta, lo hizo con paz. Él la tenía. Podía darla

> *Damos lo que tenemos y, al hacerlo, el mundo que nos rodea se adapta. Es un reino superior.*

porque era auténtica y su paz habitaba verdaderamente en Él. Además, la tormenta no era rival para Él. Así como Jesús, tenemos autoridad sobre cualquier tormenta, tanta que podemos dormir. A través de la declaración, su realidad interna se convierte en realidad externa. La paz que lo regía pronto vino a ser aquello que fue liberado para gobernar su entorno. Esa es la naturaleza de la vida cristiana. Damos lo que tenemos y, al hacerlo, el mundo a nuestro alrededor se adapta. Es un reino superior.

LA GLORIA DE DIOS SE MANIFIESTA

Lo maravilloso de brillar para Dios es que Él lo respalda. Brilla literalmente a través de nosotros cuando nuestra gloria es usada para la suya y nuestros esfuerzos se rinden a sus propósitos. Así colaboramos con Cristo.

Veamos una selección extensa del libro de Isaías. Note que la gloria de Dios es liberada como su marca de coronación sobre un pueblo que brilla como Él le señaló:

"¡Levántate, resplandece, porque ha venido tu luz y la gloria de Jehová ha nacido sobre ti! Porque he aquí

que tinieblas cubrirán la tierra y oscuridad las naciones; mas sobre ti amanecerá Jehová y sobre ti será vista
su gloria. Andarán las naciones a tu luz y los reyes al
resplandor de tu amanecer. Alza tus ojos alrededor y
mira: todos estos se han juntado, vienen hacia ti. Tus
hijos vendrán de lejos y a tus hijas las traerán en brazos. Entonces lo verás y resplandecerás. Se maravillará
y ensanchará tu corazón porque se habrá vuelto a ti
la abundancia del mar y las riquezas de las naciones
habrán llegado hasta ti."

—ISAÍAS 60:1-5

A través de esta promesa profética, Dios da instrucción específica acerca de nuestro enfoque de vida y qué tipo de resultados busca con el mismo. Debemos vivir intencionadamente,
conscientes del tipo de impacto que debemos hacer aun antes de
verlo por nosotros mismos. Las ramificaciones de esta palabra
profética van más allá de la mayoría de nuestras esperanzas,
sueños y visiones. Isaías declaró que naciones completas y sus
líderes serían transformados. Veremos luego la riqueza de las
naciones dadas a la iglesia para los propósitos del reino. Pero,
todo el fruto y adelanto provisto en esas promesas están rela-
cionados con una cosa: la presencia manifiesta de Dios sobre su
pueblo. Esa es la manifestación de su gloria.

En esto radica el reto, se nos ordena levantarnos y brillar en
medio de una profunda oscuridad depresiva que cubre a aquellos
que nos rodean. Dios responde a nuestra obediencia liberando
su gloria. ¡Nuestro brillo atrae su gloria! Y es su gloria liberada
la que trae la más grande transformación a las vidas, ciudades
y naciones. Una vez tuvimos una canción profética espontánea

(una canción del Señor) en la cual el Señor decía: "¿No llené el tabernáculo de Moisés con mi gloria? ¿No llené el templo de Salomón con mi gloria? ¿Cuánto más no llenaré el lugar que construí con mis propias manos? Mis amados, ¡los estoy construyendo! Las manos del hombre edificaron cada casa de Dios indicada en la Biblia. Dios siempre ayudó girando instrucciones sobre cómo debía ser construida. Pero, Dios mismo está en realidad construyendo la iglesia, su lugar de morada eterna. Si llenó con su gloria las casas que no construyó, ¿cuánto más no va a llenar la que está construyendo? No es correcto ubicar ese evento en el futuro, después que Jesús regrese. Tiene que ser ahora. Algunas palabras tienen poder para cualquier generación que se responsabilice de ellas. ¿Cómo sabemos que esto es para ahora? Porque en la Escritura ocurre cuando una oscuridad profunda se cierne sobre el pueblo. Eso describe un tiempo como el actual.

Además, la liberación de su gloria se le promete al grupo de personas que tienen la capacidad de levantarse y brillar con un propósito divino. Eso puede sucederle solamente al pueblo al que la luz de Dios le ha llegado. Nosotros somos ese pueblo y Jesucristo, nuestra luz, ya ha venido.

Si lee el Antiguo Testamento, quizás esté familiarizado con la forma en que Dios desplegaba dramáticamente su presencia en las casas construidas por los hombres para Él. Estudiar esos acontecimientos debería contribuir a poner la promesa divina de llenar su iglesia en un mejor contexto para usted. Debemos recordar que los pactos inferiores no pueden proveer bendiciones superiores. Por ejemplo, dado que está en la Escritura, a menudo no apreciamos suficientemente las cosas que fueron liberadas para Israel en el desierto camino a la tierra que se le prometió; no sólo los milagros de provisión y las victorias, sino también la presencia permanente de Dios en la nube y el fuego. Ellos no eran nacidos de nuevo, estaban viviendo en rebelión y, sin embargo, Dios estaba cuidando de ellos. Todo eso sucedió bajo un pacto inferior. Necesitamos ver estas cosas y preguntar: "Si Él hizo eso por ellos, ¿cuánto más hará por nosotros?".

VEA EN UN ESPEJO

La gloria de Dios debe ser vista sobre su pueblo. No es muy importante para mí que sea una manifestación física que cualquier ojo natural pueda ver o algo que la gente perciba a través de los ojos de su corazón.

Hay una lección inusual que se encuentra en el tercer capítulo de 2 Corintios. El apóstol Pablo discute la experiencia de Moisés con la gloria de Dios y cómo Israel insistió en que se pusiera un velo sobre su rostro porque la gloria les aterraba. Pablo afirma, entonces: "...el cual [el velo] por Cristo es quitado" (2 Corintios 3:14). Eso significa que cualquier cosa que estuviera escondida debajo del velo, ahora estaba disponible para que todos la vieran. El elemento tenebroso con que luchó Israel fue removido porque el Espíritu de Cristo vino para hacernos libres.

"Ahora, el Señor es el Espíritu; y donde está el Espíritu del Señor, allí hay libertad. Por tanto, nosotros todos, mirando con el rostro descubierto y reflejando como en un espejo la gloria del Señor, somos transformados de gloria en gloria en su misma imagen, por la acción del Espíritu del Señor."

—2 CORINTIOS 3:17-18

¡La libertad que el Espíritu Santo trae nos libera para contemplar la gloria! Y de manera extraña, esa gloria es vista como si estuviéramos viendo en un espejo. En otras palabras, así es como lucimos.

En eso consiste el trabajo del Espíritu Santo: en hacernos gloriosos.

"A fin de presentársela a sí mismo, una iglesia gloriosa, que no tuviera mancha ni arruga ni cosa semejante, sino que fuera santa y sin mancha" (Efesios 5:27). Jesús va a regresar por una novia cuyo cuerpo esté en igual proporción a su cabeza. El mandato de levantarse y brillar es el proceso a través del cual somos capaces de entrar a la realidad de lo que dice Dios que ya somos.

REDESCUBRAMOS NUESTRO MENSAJE

Yo puedo amenazar a la gente con el infierno y tener una manera de penetrar para lograr convertidos. El infierno es real y no debe ser ignorado. Pero ese no es plan A. Es el B. El plan A es, "La benignidad de Dios te guía al arrepentimiento" (Romanos 2:4). Esta verdad debe afectar nuestra actitud.

Cuando este concepto afecta nuestro enfoque acerca de la humanidad, es mucho más probable que usemos nuestro favor para servirles eficazmente, lo cual representa mejor la vida en el reino.[14] Estamos entrando en un período en que veremos más y más personas llegar a Cristo a causa de su rostro resplandeciendo en el pueblo de Dios. Algunas veces, será su poder en bruto el que se manifieste a través de nosotros y otras será su amor desinteresado con sus obras de bondad. Pero, su rostro será visto como tal.

El rostro de Dios será encontrado una y otra vez. Está resplandeciendo en la iglesia ahora mismo. Es tiempo de ver y ser ensanchado, porque cambia nuestra capacidad para representarlo a Él en este mundo modificando nuestra naturaleza y lo que somos. Tendemos a manifestar su semejanza en igual medida a la profundidad de nuestros encuentros. El temor de Dios está por caer sobre la iglesia. Lo hemos experimentado a veces debido a la prueba y la disciplina. Pero, hay algo que está a punto de tomar inesperadamente al pueblo de Dios y que viene de la revelación de su bondad. Este tipo de bendición no promueve la arrogancia. Por el contrario: hay un sentido tan sobrecogedor de su bondad, que nos desarma. Vendremos a ser un grupo tembloroso de personas puesto que vivimos conscientemente mucho más allá de lo que merecemos. Esto no implica que los problemas y conflictos desaparecerán. Simplemente significa que, por primera vez en la historia, esos problemas se rendirán a una iglesia con autoridad. Es el contraste del que se habla en Isaías 60, la oscuridad que cubre la tierra; pero su gloria está sobre su pueblo. Percatarnos de ello nos hará temer a Dios de una manera novedosa que al final moverá a las naciones que nos rodean a acercarse a Cristo. Seremos "la ciudad asentada sobre un monte" (Mateo 5:14).

Hay un ámbito de la bendición divina que aún no ha sido experimentado. Y es la intención del Señor liberarlo sobre su pueblo antes que venga el fin. Esta bendición nos capacita para actuar más como agentes de su mundo que como mendigos de su invasión. El Salmo 67 capta esta imagen profética del deseo de Dios con su pueblo como el método que le gustaría usar para alcanzar las naciones.

Podemos ser preparados por su Espíritu a través de encuentros divinos que nos califiquen para asumir tal responsabilidad. El rostro de su gracia está disponible para aquellos que están desesperados. Él anhela que seamos capaces de llevar su semejanza a cualquier lugar. Su bendición sobre nosotros traerá el temor de Dios de nuevo a las naciones. Convirtámonos en candidatos para ese mandato, anhelando los encuentros cara a cara con Dios. El tiempo es ahora.

"Dios tenga misericordia de nosotros y nos bendiga; haga resplandecer su rostro sobre nosotros; para que sea conocido en la tierra tu camino, en todas las naciones tu salvación. ¡Alábente, Dios, los pueblos, todos los pueblos te alaben!

Alégrense y gócense las naciones, porque juzgarás los pueblos con equidad y pastorearás las naciones en la tierra.

¡Alábente, Dios, los pueblos; todos los pueblos te alaben! La tierra dará su fruto; nos bendecirá Dios, el Dios nuestro. Bendíganos Dios y témanlo todos los términos de la tierra."

—SALMO 67:1-7

NOTAS:

Capítulo 1: El viaje comienza
1. Defino la religión como "una forma sin poder". Como tal, ésta siempre decepciona.
2. Proverbios 14:4.

Capítulo 2: El favor de su rostro
1. Salmo 8:3.
2. Marcos 8:15.

Capítulo 3: Hacia la Tierra Prometida
1. 2 Corintios 7:10.
2. Malaquías 2:15.
3. Romanos 8:28.
4. 1 Corintios 10:2.
5. Juan 15:3.
6. El espíritu denominacional es de naturaleza divisiva. Las denominaciones no son el problema, sino el corazón del pueblo de Dios. Muchos de quienes integran denominaciones son libres de esa influencia, y muchos fuera de denominaciones son atados por ellas.
7. Isaías 28:10.

Capítulo 4: Su presencia manifiesta
1. Hechos 2:16–17.
2. Juan 2.
3. Mateo 28:19.
4. Efesios 1:13–14; Romanos 8:11, 15.
5. Efesios 5:18.
6. 1 Corintios 4:20.
7. Éxodo 33:1–4.

Capítulo 5 :Cristo: el rostro de Dios
1. Lucas 1:41–45.
2. Lucas 1:20, 59–64.
3. Mateo 3:11.
4. Mateo 10:8.
5. Juan 1:14.
6. Éxodo 33:18–19.

Capítulo 6: Cómo tender una emboscada
1. Lucas 10:38–42.
2. Mateo 9:21.
3. Es probable que fuese el Señor.
4. Romanos 3:23.

Capítulo 7: Nunca más el mismo
1. Richard M. Riss, *A Survey of 20th Century Revival Movements in North America* (Hendrickson Publishers, 1988), 32.
2. Gordon Lindsay, ed., *The John G. Lake Sermons on Dominion Over Demons, Disease, and Death* (The Bhurrh Press: Farson and Sons, 1949), 5–9, usado con permiso de Cristo para las Naciones, Inc., Dallas, TX.
3. Ibíd.
4. Ibíd.
5. Ibíd.
6. Teresa A. Taylor, "Jesus the Healer," *Healing and Revival Press*, (consultado el 21 de junio de 2007), HealingRevival.com.
7. Ibíd.
8. Charles G. Finney, *Memoirs of Rev. Charles G. Finney* (A. S. Barnes & Company, 1896), 19–23.
9. Ibíd., 183–184.
10. John Crowder, *Miracle Workers, Reformers, and the New Mystics* (Destiny Image, 2006), 264–265.
11. Stanley Howard Frodsham, *Smith Wigglesworth*, (Gospel Pub. House).
12. Diana Chapman, *Searching the Source of the River*, (PUSH Publishing).
13. Ibíd.
14. H. V. Roberts, *New Zealand's Greatest Revival; Reprint of the 1922 Revival Classic: Smith Wigglesworth* (Rex Burgher Books [www.klifemin.org]).
15. Teresa A. Taylor, "Apostle of Faith," *Healing and Revival Press*, (consultado el 21 de junio de 2007), HealingRevival.com.
16. Ibíd.
17. Ibíd.
18. T. L. Osborn. *Healing the Sick: A Living Classic* (Harrison House Pub.).
19. Ibíd.
20. Rolland y Heidi Baker, *There Is Always Enough*, (Sovereign World Ltd.).
21. Ibíd.
22. Ibíd.
23. Ibíd.
24. Bill Johnson, *Dreaming With God* (Destiny Image Publishing, 2006), 179–180. Estos dos párrafos son de ese libro.

Capítulo 8: El gozo: la recompensa
1. Lucas 2:10.

2. Isaías 53:4–5.

3. Colosenses 1:24. La palabra para *aflicción* en este versículo no es enfermedad. Significa *poner bajo presión*, igual que las uvas eran presionadas para el vino o las oilvas para el aceite. La vida justa no pone bajo presiones que sacan a flote la unción interior que tenemos y el gozo del Espíritu Santo.

4. Hechos 4:28–29.

5. Deuteronomio 6:17.

6. Salmos 111:2.

7. 2 Corintios 2:11.

8. James G. Friesen, PhD, et al., *The Life Model*, (Shepherd's House, Inc.).

Capítulo 9: El reflejo del rostro de Dios

1. 2 Corintios 5:17.

2. Salmos 102:18; 1 Peter 2:9.

3. Juan 9:1–4; 14:12.

4. Juan 5:1–8.

5. 1 Juan 4:19.

6. Lucas 10:33.

7. Romanos 14:17.

8. Malaquías 4:2.

9. Mi libro *Dreaming With God* trata detenidamente sobre este tema.

10. Hageo 2:7.

11. Mateo 5:5; 1 Corintios 3:22.

12. Proverbios 8:22–31.

13. 1 Reyes 10:4–5.

14. Ver www.TheCall.com.

Capítulo 10: El pueblo de su gloria

1. 2 Corinthians 3:7.

2. *Montaña* es un término metafórico usado para describir nuestro ascenso hacia la presencia de Él; ver el salmo 24:3.

3. 2 Corintios 5:21.

4. 1 Juan 4:20.

5. 1 Corintios 15:39–41.

6. Proverbios 18:21.

7. Ezequiel 47.

8. Juan 6:63.

9. 2 Corintios 3:17.

10. Hebreos 6:2.

11. Marcos 5:30.

12. 2 Reyes 6:5–6.

13. Efesios 1:3.

14. Mateo 20:26–28.

Te invitamos a que visites nuestra página web, donde podrás apreciar la pasión por la publicación de libros y Biblias:

www.casacreacion.com

Para vivir la Palabra